남자아이도 여자아이도 입을 수 있는

# 내추럴 프렌치 시크룩

멋을 낸 듯 안 낸 듯, 유행을 타지 않는 감각적인 아이 옷

FU-KO basics. 미노와 마유미 지음 · 박재영 옮김

라의눈

# 차 례

● 매일 입는 상의입니다

풀오버
P.6

종이접기 블라우스
P.8

기본 셔츠
P.10

요리사 블라우스
P.12

빅 실루엣 티셔츠
P.14

가오리 소매 반팔 니트 셔츠
P.16

스탠드업 칼라 셔츠
P.18

보트넥 블라우스
P.20

외출 동반자 P.32

엄마도 커플룩 P.40

사진 첨부 Lesson
풀오버를 만들자 P.42

책에서 사용한 원단 P.47

옷을 만들기 전에 P.48

▶ 이 책을 읽기 전에

● '브로드'는 광택을 낸 면 원단을 뜻하기도 하며, 고급 면평직 원단 중에서 두께가 비교적 얇은 원단을 통칭합니다. 따라서 따로 표기가 안 된 경우는 30~40수 정도의 원단으로 생각하시면 됩니다.

● 책에서 사용하는 원단은 상의는 20~30수 정도, 하의는 10~20수 정도의 두께를 가진 원단이라고 생각하시면 됩니다.

● '라미 리넨'은 라미가공을 한 리넨으로, 약간의 광택을 가지고 있는 리넨이라고 생각하시면 됩니다.

★ 국내 구입 가능한 원단 감수: 정유미 http://blog.naver.com/yumi96 ★

★ 이 책에서 소개하는 작품을 복제하여 판매(점포, 인터넷 판매 등)하는 것을 금지합니다. 손으로 만드는 즐거움만을 위해 이용해주세요 ★

## ● 활기 넘치는 하의입니다

타이 팬츠
P.24

배럴 팬츠
P.26

헐렁한 사루엘 팬츠
P.28

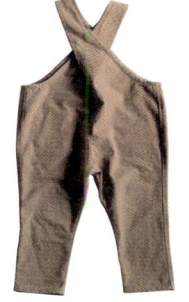

크로스 숄더 멜빵바지
P.30

## ● 편리한 아우터입니다

재킷 코트
P.34

V넥 카디건
P.36

에스키모 코트
P.38

## ● 다양하게 스타일링해보세요

풀오버 원피스
P.22

기본 셔츠 원피스
P.22

요리사 블라우스(긴소매)
P.22

타이 팬츠(턱)
P.22

○ **모델**

● 90사이즈
미노와 케이 　90cm 3세 8개월(13, 19, 29, 31, 39쪽)
※ 7쪽만 100사이즈 착용

● 100사이즈
이노우에 사쓰 　95cm 3세 10개월(9, 17, 27, 35쪽)
마에다 리호 　100cm 3세 11개월(25, 37쪽)
미조카미 쓰나토 　91cm 3세 5개월(19쪽)
미노와 메이 　92cm 2세 9개월(7, 15쪽)

● 120사이즈
미노와 라쿠 　122cm 9세 6개월(29, 39쪽)

# 매일 입는 상의입니다

활동적인 아이에게 매일 입히고 싶은 셔츠오· 티셔츠들. 만드는 사람과 입는 아이의 '마음' 까지 소중히 하고 싶어서 불필요한 부분을 최대한 줄인 디자인으로 완성했습니다. 풀오버 나 기본 셔츠는 부분별로 스타일링하기에 따라 다른 느낌으로 즐길 수 있어요. 디자인이 단 순하여 다른 옷이나 모자, 소품 등과 매치하면 느낌이 달라져, 남매도 커플룩으로 입힐 수 있습니다.

옷감 제공 / *CHECK&STRIPE* (퍼프소매)

## [ 풀오버 ] 100~150cm 사이즈

모양이 단순해서 사소한 부분을 정성스럽게 마무리하면 완성품이 더욱 아름다워집니다.

뒤여밈 블라우스는 머리카락이 잘 엉키지 않도록 옷을 만들 때 고집하는 방법입니다.

소매는 스트레이트와 퍼프, 두 종류로 만들 수 있습니다.

HOW TO MAKE    P. 42 (사진 수록 Lesson)

함께 코디한 작품(여아)
26쪽 배럴 팬츠

옷감 제공 / 기지노모리

## [ 종이접기 블라우스 ] 100～150㎝ 사이즈

옷의 앞판에 종이접기와 같은 독특한 드레이프가 생기는 블라우스.
옷을 입고 걸을 때 살짝 부풀어서 실루엣이 귀엽습니다.
소매를 달지 않고 진동둘레를 폭 2.5㎝의 바이어스테이프로 처리하면
민소매로도 즐길 수 있어요.

HOW TO MAKE   P.50

함께 코디한 작품은
26쪽 배럴 팬츠

9

## [ 기 본 셔 츠 ]  80〜150cm 사이즈

어린 아이가 입는 기본적인 형태의 칼라가 달린 셔츠는 한층 더 귀여워 보입니다.

허리 부분을 조금 꼭 맞게 디자인해서 깔끔하게 입힐 수 있어요.

귀찮은 단추집덧단은 몸판과 하나로 연결하면 쉽게 만들 수 있습니다.

반소매나 원피스로도 연출해서 즐길 수 있는 옷이에요.

HOW TO MAKE　P.52

함께 코디한 작품은
28쪽 헐렁한 사루엘 팬츠(다른 옷감)와
14쪽 빅 실루엣 티셔츠

## [ 요리사 블라우스 ]  80~150㎝ 사이즈

진짜 요리사복과 같은 넓은 단추집덧단이 눈길을 끄는 노칼라 블라우스.
어딘지 클래식한 분위기라서 저도 매우 좋아하는 디자인입니다.
꼼꼼하게 공들인 것처럼 보이지만 만드는 방법은 매우 단순해요.
긴소매로 연출해서 만들 수도 있습니다.(22쪽 참조)

HOW TO MAKE    P. 54

함께 코디한 작품은
28쪽 헐렁한 사루엘 팬츠

13

## [ 빅 실루엣 티셔츠 ] 100~150㎝ 사이즈

두 사이즈 정도 큰 옷을 입은 듯한 느낌의 티셔츠.
남성스러운 디자인이지만 여자아이에게도 꼭 입히고 싶은 옷입니다.
100~120사이즈는 20㎝ 정도, 130~150사이즈는 25㎝ 정도
기장을 늘려서 원피스로 만들어도 좋아요.

HOW TO MAKE  P.56

옷감 제공 / 누노모요

# 〔 가 오 리  소 매  반 팔  니 트  셔 츠 〕 100~150㎝ 사이즈

소매를 달 필요가 없는 간단한 니트 셔츠는
몸판에서 이어진 소매 부분의 떨어지는 느낌이 포인트입니다.
잘 늘어나지 않는 두꺼운 니트 등으로 만드는 것을 추천합니다.
쉽게 만들 수 있어서 무늬 천이나 무지 천으로 여러 장 만들고 싶은 옷이에요.

HOW TO MAKE    P.58

함께 코디한 작품은
28쪽 헐렁한 사루엘 팬츠

17

옷감 제공 / CHECK&STRIPE(긴소매)

## [ 스탠드업 칼라 셔츠 ] 80~150cm 사이즈

기본 셔츠의 칼라를 변형된 스탠드업 칼라로 연출한 옷입니다.
귀여운 단추로 포인트를 주거나 호주머니용 옷감에만 무늬를 넣는 등
자신의 취향에 따라 연출해보세요. 좌우의 몸판은 성별에 상관없이 누구든지
입을 수 있도록 어느 쪽이든 위로 올 수 있습니다.

HOW TO MAKE  P.60

## [ 보트넥 블라우스 ] 100~150cm 사이즈

산뜻한 느낌의 보트넥은 시원한 계절에 꼭 입히고 싶은 블라우스죠.
어깨의 교차하는 부분이 벌어지는 디자인이라 틈새가 없어도 입을 수 있습니다.
목둘레선은 별도의 옷감을 사용한 바이어스테이프를 파이핑 처리해 포인트를 줬는데,
바이어스테이프가 없어도 만들 수 있답니다.

HOW TO MAKE   P.62

함께 코디한 작품은
26쪽 배럴 팬츠

# 다양하게 스타일링해보세요

책에 수록된 작품을 잘 조합해 스타일링하면 다채롭게 응용할 수 있어요.

옷감 제공 / 기지노모리

## 풀오버 원피스

외출복으로도 손색없는 고급스럽고 귀여운 옷이 됩니다.
옷과 같은 천으로 만든 벨트를 붙인 블라우스를 만들어도 예뻐요.

옷감 제공 / CHECK&STRIPE

## 기본 셔츠 원피스

앞을 열면 코트처럼 입을 수도 있어요. 사용하는 옷감에 따라
분위기가 달라지는 것도 하나의 즐거움입니다.

옷감 제공 / 기지노모리

## 요리사 블라우스(긴소매)

흰색 리넨으로 만들면 진짜 요리사처럼 보여요!
품이 넉넉해서 옷을 여러 벌 껴입어도 됩니다.

옷감 제공 / fabric bird

## 타이 팬츠(턱)

앞뒤 모양이 크게 다른 패턴이라서 큼직한 무늬로 만들면
개성적인 느낌의 팬츠로 변신합니다.

# 활기 넘치는 하의입니다

평소에는 스커트를 좋아하는 여자아이에게도 꼭 입히고 싶은, 기본적이지만 어딘지 개성적인 팬츠들. 실컷 더럽히며 맘껏 뛰놀기를 바라기에 조금 시간과 수고가 들지만 튼튼한 바느질 방법을 선택했습니다. 거친 면마 천이나 비비드한 컬러의 캔버스로 만들면 캐주얼해보이고, 올이 촘촘한 생활방수 가능한 가공처리된 면 포플린이나 리넨 트윌 등을 선택하면 살짝 우아한 느낌을 연출할 수 있어요.

## [ 타이 팬츠 ] 100~150cm 사이즈

자연스러운 느낌의 티셔츠와 조합하기만 해도 세련되어 보이는 개성파 팬츠.
바지 앞판에 주름을 듬뿍 줘서 여유 있게 만들기에, 입기 편하고
활동하기 좋은 디자인이죠. 패턴 3장만 연결하면 만들기도 수월합니다.

HOW TO MAKE   P.64

함께 코디한 작품은
6쪽 풀오버

옷감 제공 / 기지노모리

## [ 배럴 팬츠 ] 100~150cm 사이즈

배럴(나무 통) 모양과 같은 넉넉한 실루엣의 와이드 팬츠.
폭이 넓은 밑단 아래 보이는 아이의 가는 발목이 매우 귀여워 보이는 팬츠입니다.
추운 계절에는 울 등의 두꺼운 천으로 만들어서 레깅스를 덧입는 방법도
추천하는 연출법이에요.

HOW TO MAKE   P.66

함께 코디한 작품은 14쪽 빅 실루엣 티셔츠(다른 옷감)

## [ 헐렁한 사루엘 팬츠 ] 80~150㎝ 사이즈

바짓가랑이를 조금 길게 한 사루엘 스타일의 디자인. 착용감이 좋은 데다,
어떤 스타일이든지 잘 소화해서 세련되어 보입니다.
밑단은 테이퍼드로 깔끔하게 마무리했어요. 스니커즈나 쇼트 부츠, 샌들 등
다양한 신발을 함께 신겨보세요.

HOW TO MAKE   P.68

함께 코디한 작품은(여아)
16쪽 가오리 소매 반팔 니트 셔츠(다른 옷감)

## [ 크로스 숄더 멜빵바지 ]  80~110cm 사이즈

어깨끈을 교차시켜서 입는 작업복 타입의 팬츠입니다.
어깨끈이 흘러내리지 않고 팬츠도 잘 벗겨지지 않아서 안심할 수 있어요.
신나게 뛰어다니는 아이의 뒷모습을 보면 나도 모르게 미소가 흘러넘칩니다.
80~110사이즈의 아이에게 입혀보세요.

HOW TO MAKE  P.70

# 외출 동반자

## 〔 복조리 배낭 〕

심플한 직사각형으로 만드는 냅 색.
만들기는 쉽지만 아일렛으로 끈을 달아서 제대로 된 배낭처럼 보이도록
완성합니다. 입구를 쉽게 열고 닫을 수 있어서 어린아이도 사용하기 편하고
외출 시 잘 어울립니다. 끈의 길이는 성장에 맞춰서 조절하세요.

HOW TO MAKE P.78

# 편리한 아우터입니다

쌀쌀할 때 가볍게 걸칠 수 있는 옷과 추운 겨울에도 활동적으로 지낼 수 있는 따뜻한 아우터 3종을 엄선하여 소개합니다. 디자인이 단순하지만 아이에게 입혔을 때 나도 모르게 '귀여워!'라는 말이 나올 법한 사이즈와 조화된 느낌을 중시해서 만들었어요. 우리 집 남매에게도 소재를 바꿔 오랫동안 만들어 입혀 온 아이템이니 착용감도 확실히 보증할 수 있습니다.

## [ 재 킷 코 트 ] 100~150cm 사이즈

아직은 추운 초봄이나 갑자기 쌀쌀해지는 초가을에 활약하는 테일러드 칼라 재킷.
엉덩이를 덮을 정도의 길이감으로, 바지나 치마와 함께 입어도
잘 어울립니다. 안단의 시접 처리에 귀여운 바이어스테이프를 사용하면
재킷의 내부가 슬쩍 보였을 때 매우 멋스럽죠.

HOW TO MAKE  P. 72

## [ V넥 카디건 ] 100~150cm 사이즈

넉넉한 품이 포근한 느낌을 주는 카디건. 소매도 넉넉하지만
소매단을 조금 타이트하게 만들어서 전혀 부해 보이지 않아요.
목둘레에서 밑단으로 이어지는 큼직한 고무단이 포인트.
호주머니와 고무단의 색상을 다양하게 조합해서 즐겨보세요.

HOW TO MAKE  P. 74

옷감 제공 / (겉감) 기지노모리, (안감) Exterial Fur Shop

# [ 에스키모 코트 ] 80~150㎝ 사이즈

앞판끼리 겹쳐지는 부분이 넓고 안감도 양털 보아 원단을 사용해서
매우 따뜻한 코트입니다. 후드는 앞판과 하나로 연결해서 쉽게
만들었어요. 완성했을 때 뻣뻣하지 않고 단정해보입니다. 가정용 재봉틀로
보아 원단을 박기 어려울 때는 플리스 원단으로 만드는 방법도 추천합니다.

HOW TO MAKE　P.76

함께 코디한 작품은
16쪽 가오리 소매 반팔 니트 셔츠(다른 옷감)와
28쪽 헐렁한 사루엘 팬츠

# 엄마도 커플룩

아이와 커플로 입을 수 있도록 성인용 디자인도 준비했습니다.

옷감 제공 / CHECK&STRIPE (풀오버)

## 풀오버 × 헐렁한 사루엘 팬츠

헐렁한 사루엘 팬츠는
티 나지 않게 맞춰 입을 수 있어서
커플룩에 소극적인 사람에게 추천하는 아이템입니다.
성인용도 당연히 착용감이 매우 좋답니다.

HOW TO MAKE

풀오버 P.42
헐렁한 사루엘 팬츠 P.68

## 풀오버 원피스

손목 커프스는 폭을 좁게 디자인했습니다.
넉넉한 디자인을 좋아한다면
폭을 조절하세요.

HOW TO MAKE P.42

아이

P.6

P.28

P.38

### 에스키모 코트

길이가 짧은 코트는
치마나 바지, 모두 맞춰 입기 쉽죠.
소매를 접는 폭은 취향에 따라 선택하세요.

HOW TO MAKE  P.76

# Lesson

## 풀오버를 만들자

photo P.6

《완성 사이즈》(왼쪽부터 100사이즈~)

가슴둘레  76 / 80 / 84 / 88 / 92 / 96cm

길이    32.5 / 36 / 39.5 / 43 / 46 / 49.5cm

《재료》(왼쪽부터 100사이즈~)

• 선염 스트라이프 면(스트레이트 소매)

　우미노브로드(새틴 면 30수 원단으로, '우미노브로드'는 원단의 브랜드명이다 – 옮긴이)

　화이트(퍼프소매)

　폭 110cm×100 / 110 / 130 / 130 / 150 / 160cm

• 지름 1.1cm 단추 1개(퍼프소매는 3개)

• 접착심지 40×40cm

《준비》

• 앞 안단과 뒤 안단의 안쪽에 접착심지를 붙인다.

실물 크기 옷본 1면【1】

1 – 앞판, 2 – 앞 안단, 3 – 뒤판,

4 – 오른쪽 뒤 안단, 5 – 왼쪽 뒤 안단,

6 – 소매(퍼프소매는 7)

◆ 재단 배치도는 46쪽에 실려 있습니다.

◆ 여기에서는 알아보기 쉽도록 작품과 다른 색상의 천,
　눈에 잘 띄는 색상의 실을 사용했습니다.

---

### ① 소맷부리와 밑단을 준비한다

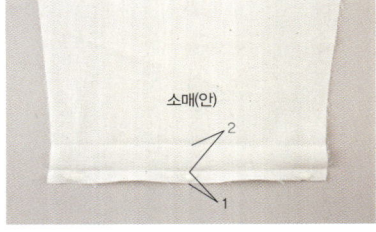

1 소맷부리를 1cm 한 번, 2cm 한 번 모두 두 번 접은 후 다림질해서 접은 자국을 만든다.

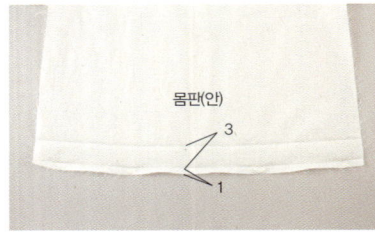

2 앞판과 뒤판의 밑단을 1cm 한 번, 3cm 한 번 모두 두 번 접은 후 다림질해서 접은 자국을 만든다.

### ② 안단을 박는다

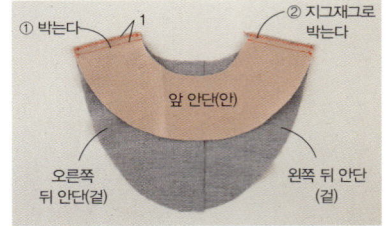

1 앞 안단과 뒤 안단을 겉면끼리 맞대고 양 어깨선을 시접 1cm로 박는다. 시접은 두 장을 함께 지그재그로 박는다.

### ③ 몸판을 박는다

---

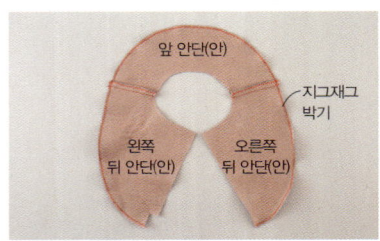

2 어깨 시접을 앞 안단 쪽으로 넘기고 안단 가장자리를 지그재그로 박는다.

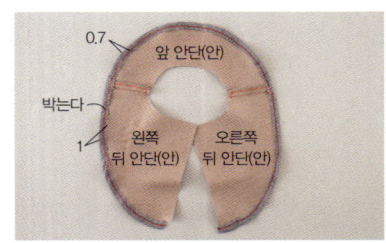

3 시접 1cm를 접어서 박는다.

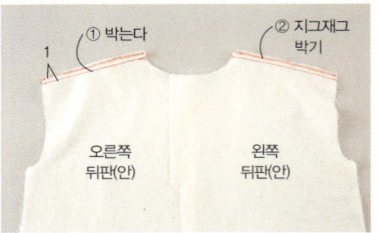

1 앞판과 뒤판을 겉면끼리 맞대고 양 어깨선을 시접 1cm로 박는다. 시접은 두 장을 함께 지그재그로 박는다.

## 4 안단과 몸판을 박는다

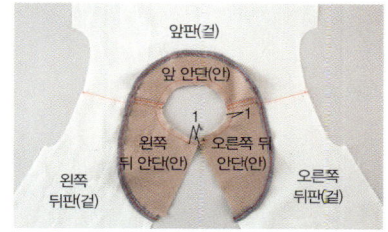

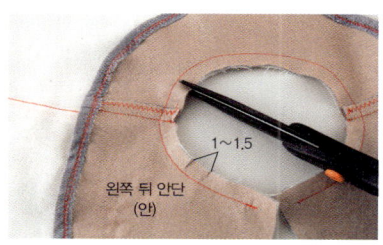

**2** 시접을 뒤판 쪽으로 넘기고 겉면에서 눌러 박는다.

**1** 안단과 몸판을 겉면끼리 맞대고 목둘레선을 시접 1cm로 박는다. 뒤판 중심은 완성선 모서리에서 박아 고정한다.

**2** 목둘레선의 시접에 1~1.5cm 정도 간격으로 가위집을 0.7cm 넣는다.

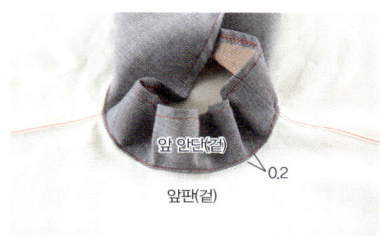

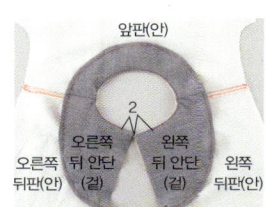

겉에 바늘땀이 보이지 않는다.

## 5 안단을 만든다

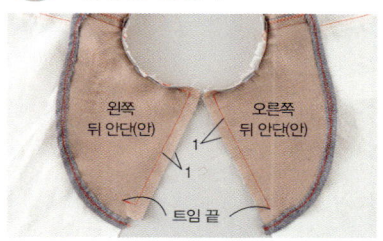

**3** 시접을 안단 쪽으로 넘기고 눌러서 박음질한다.(안단과 시접만 박는다.) 뒤쪽 가장자리는 각각 2cm를 남기고 박는다.

**1** 뒤 안단과 뒤판을 겉면끼리 맞대고 트임 끝까지 시접 1cm로 박는다. 왼쪽 뒤판은 여밈분을 L자로 박는다.

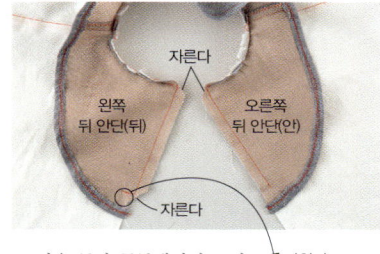

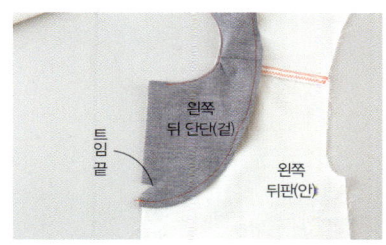

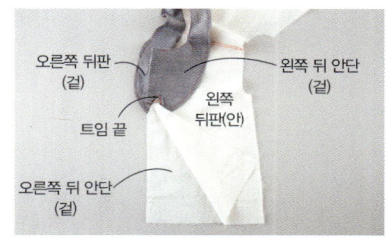

**2** 좌우 몸판 목둘레선의 모서리를 자른다. 왼쪽 뒤판은 여밈분의 시접 가장자리와 트임 끝을 이은 사선에 가위집을 넣고 모서리를 자른다.

**3** 왼쪽 뒤 안단을 겉으로 뒤집어서 모양을 잡는다.

**4** 오른쪽 뒤 안단을 피해서 오른쪽 뒤판과 왼쪽 뒤판을 겉면끼리 맞댄다. 좌우의 트임 끝 표시끼리 맞춘다.

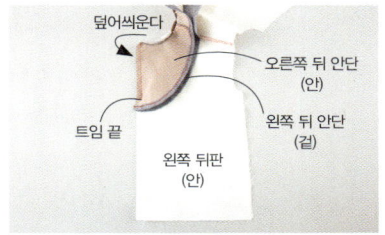

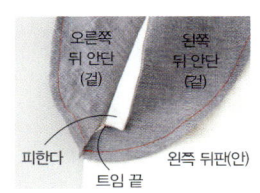

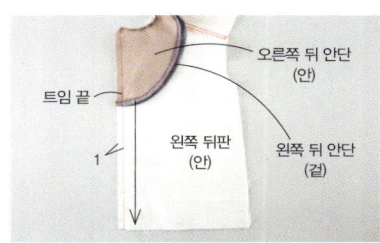

**5** 오른쪽 뒤 안단을 왼쪽 뒤 안단에 덮어씌워서 겉면끼리 맞댄다. 왼쪽 뒤 안단의 여밈분은 피한다.

**6** 뒤판 중심을 트임 끝에서 밑단까지 시접 1cm로 박는다.

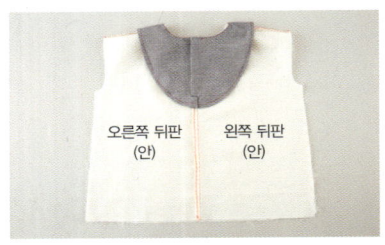

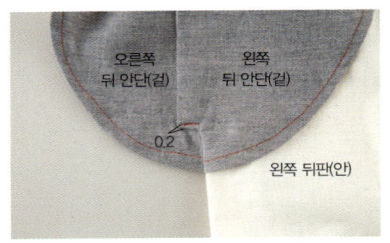

**7** 목둘레선에서 밑단까지 시접 두 장을 함께 지그 재그로 박는다.

**8** 안단을 겉으로 뒤집고, 시접을 오른쪽 뒤판 쪽 으로 넘긴다.

**9** 왼쪽 뒤 안단이 위로 오도록 겹친 후 아래쪽 가 장자리에서 0.2㎝ 떨어진 곳을 박아서 고정한다. 몸판의 시접은 피하고 안단만 박는다.

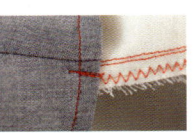

**10** 양 어깨는 뒤쪽 안 단을 몸판의 어깨 시접 에 박아서 고정한다.

### 6 소매를 단다

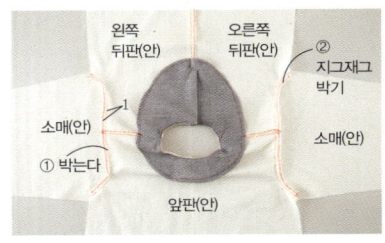

소매와 몸판을 겉면끼리 맞대고 시접 1㎝로 박는 다. 시접은 두 장을 함께 지그재그로 박아서 몸판 쪽으로 넘긴다.

### 7 소매 아래 선과 옆선을 박는다

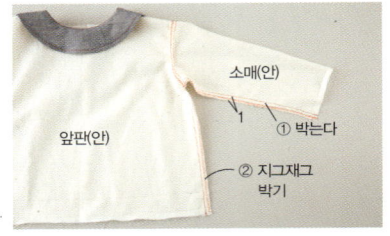

앞판과 뒤판을 겉면끼리 맞대고 소매 아래 선부터 옆선까지 시접 1㎝로 박는다. 시접은 두 장을 함께 지그재그로 박아서 뒤판 쪽으로 넘긴다.

### 8 소맷부리와 밑단의 시접을 처리한다

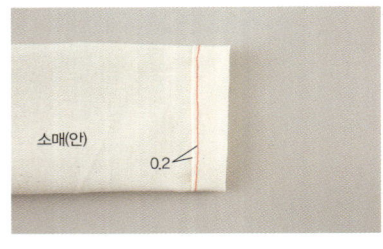

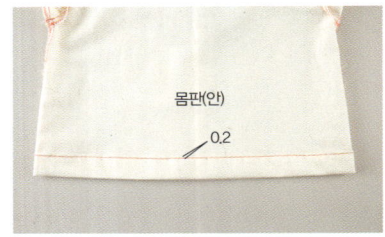

겉으로 뒤집은 뒤 소맷부리, 몸판의 밑단을 접은 선에서 접어 박는다. 박을 때는 안쪽을 보면서 박는다.

### 9 단추를 단다

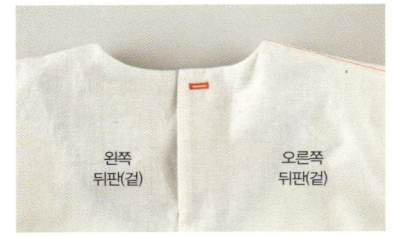

**1** 오른쪽 뒤판에 단춧구멍을 만든다.

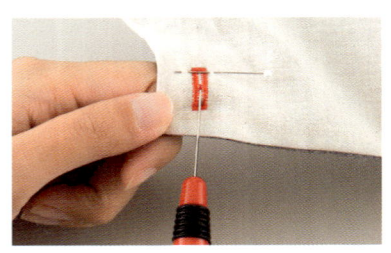

**2** 스토퍼 대신 시침핀을 찔러 리퍼로 자른다. 이 때, 박음질한 실을 자르지 않도록 주의한다.

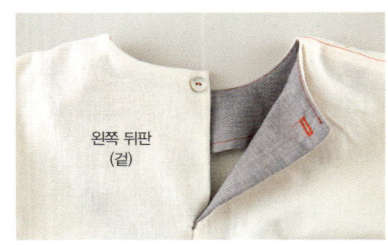

**3** 왼쪽 뒤판에 단추를 단다.

완성~

# 퍼프소매 만드는 법

## 1 트임 부분을 처리한다

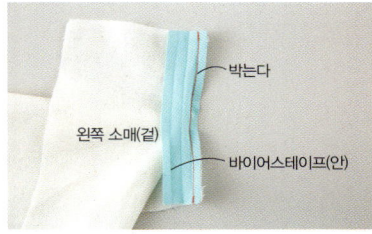

박는다
왼쪽 소매(겉)
바이어스테이프(안)

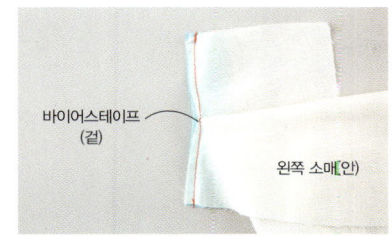

바이어스테이프(겉)
왼쪽 소매(안)

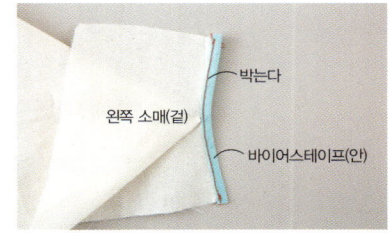

박는다
왼쪽 소매(겉)
바이어스테이프(안)

**1** 바이어스테이프는 49쪽을 참조해서 접는다. 소매의 트임 부분에 표시보다 0.2㎝ 정도 짧게 가위집을 넣어서 직선으로 벌리고, 바이어스테이프와 겉면끼리 맞대어 바이어스테이프의 접은 선 위쪽을 박는다.(여분은 잘라낸다.)

**2** 시접을 감싼 뒤 겉에서 박는다.

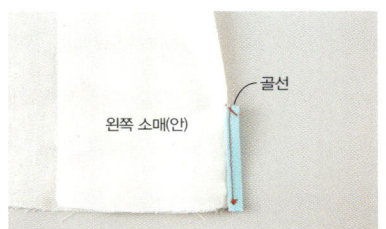

골선
왼쪽 소매(안)

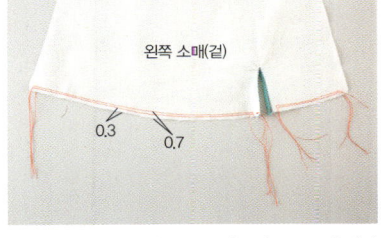

왼쪽 소매(겉)
접는다 2
박아서 고정한다

## 2 커프스를 만든다

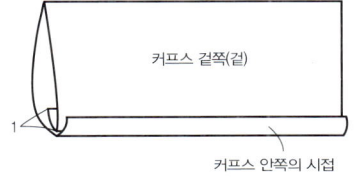

커프스 겉쪽(겉)
1
커프스 안쪽의 시접

**3** 바이어스테이프를 트임 끝에서 반으로 접고, 접은 선을 사선으로 박아 고정한다.

**4** 앞이 되는 쪽의 바이어스 부분을 안쪽으로 접어 소맷부리를 박는다.

**1** 그림과 같이 커프스를 다림질해 접는다.

1 커프스 겉쪽(안) 1
겉쪽의 완성선까지 박는다

**2** 커프스를 겉면이 안으로 가게 접고, 겉면의 완성선까지 시접 1㎝로 박는다.

## 3 소맷부리에 주름을 잡는다

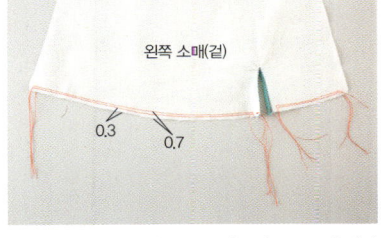

왼쪽 소매(겉)
0.3    0.7

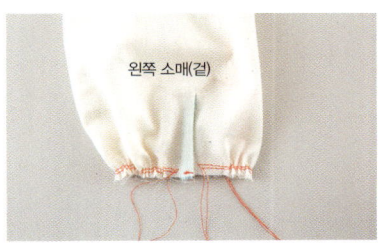

왼쪽 소매(겉)

**1** 소맷부리에 큰 땀으로 듬성듬성 두 줄 홈질한다. 그 다음에는 일반 소매 만드는 방법의 **6** 과 **7** 의 과정(44쪽)을 참조하여 소매를 몸판에 달고 소매 아래 선부터 옆선까지 박는다.

**2** 큰 땀으로 홈질한 실을 잡아당겨서 소맷부리에 주름을 잡는다.

## 4 커프스를 단다

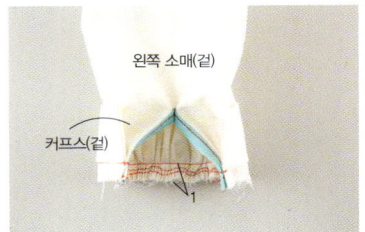

왼쪽 소매(겉)
커프스(겉)
1

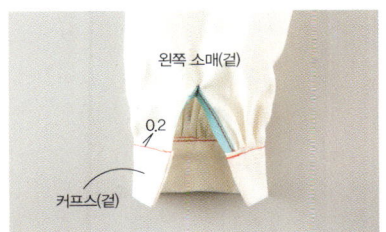

왼쪽 소매(겉)
0.2
커프스(겉)

## 5 단춧구멍을 만든다

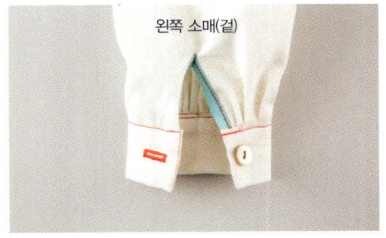

왼쪽 소매(겉)

**1** 커프스를 겉으로 뒤집고 소매와 겉면끼리 맞대어 주름의 분량을 조절해 시접 1㎝로 박는다. 소매 시접을 다림질로 눌러 놓으면 박음질하기 편하다.

**2** 커프스를 뒤집어 시접을 감싼 뒤 겉에서 박는다.

앞쪽에 단춧구멍을 만들고 뒤쪽에 단추를 단다. 오른쪽 소매도 좌우대칭으로 만든다.

45

《재단 배치도》 ※ 퍼프소매도 공통

● 풀오버　photo P.6

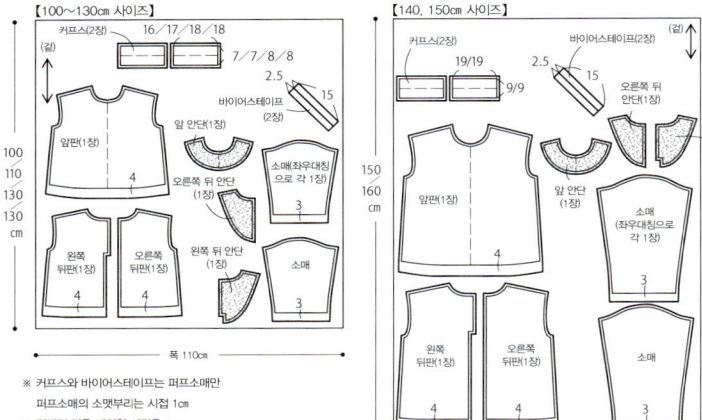

【100~130cm 사이즈】

커프스(2장)　16/17/18/18　7/7/8/8

바이어스테이프(2장)

앞 안단(1장)

오른쪽 뒤 안단(1장)

앞판(1장)

왼쪽 뒤판(1장)　오른쪽 뒤판(1장)　왼쪽 뒤 안단(1장)

소매(좌우대칭으로 각 1장)

소매

폭 110cm

【140, 150cm 사이즈】

커프스(2장)　19/19　9/9

바이어스테이프(2장)

오른쪽 뒤 안단(1장)

왼쪽 뒤 안단(1장)

앞판(1장)

앞 안단(1장)

소매(좌우대칭으로 각 1장)

왼쪽 뒤판(1장)　오른쪽 뒤판(1장)　소매

폭 110cm

※ 커프스와 바이어스테이프는 퍼프소매만
　퍼프소매의 소맷부리는 시접 1cm
※ 정해진 것을 제외한 시접은 1cm
※ ▨ 부분에는 접착심지를 붙인다.
※ 치수는 위(왼쪽)부터 100cm 사이즈~
※ 커프스와 바이어스테이프는 옷감에 직접 선을 그어서 마름질한다.

● 풀오버 원피스　photo P.22

※ 원피스 길이로 마름질한다.
※ 만드는 방법은 42쪽~ 의 풀오버와 같다.

《완성 사이즈》(왼쪽부터 100사이즈~)

길이 53.5 / 59.5 / 65.5 / 71.5 / 77.5 / 83 cm

《재료》

• 얇은 면평직(손으로 선 세탁) 살몬핑크색
　폭 110cm×150 / 160 / 180 / 200 / 240 / 260cm
• 지름 1.1cm 단추 1개(퍼프소매는 3개)
• 접착심지 40×40cm

**실물 크기 옷본 1면【1】**

1 – 앞판, 2 – 앞 안단,
3 – 뒤판, 4 – 오른쪽 뒤 안단,
5 – 왼쪽 뒤 안단
7 – 소매(스트레이트 소매는 6)

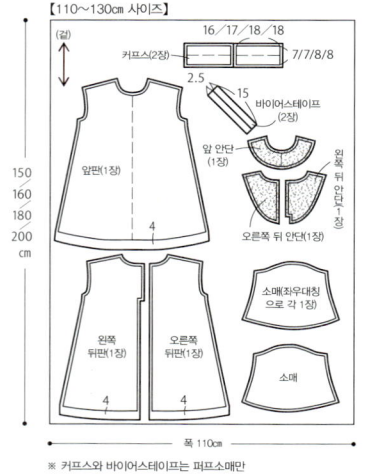

【110~130cm 사이즈】

커프스(2장)　16/17/18/18　7/7/8/8

바이어스테이프(2장)

앞 안단(1장)

오른쪽 뒤 안단(1장)

왼쪽 뒤 안단(1장)

앞판(1장)

소매(좌우대칭으로 각 1장)

왼쪽 뒤판(1장)　오른쪽 뒤판(1장)　소매

폭 110cm

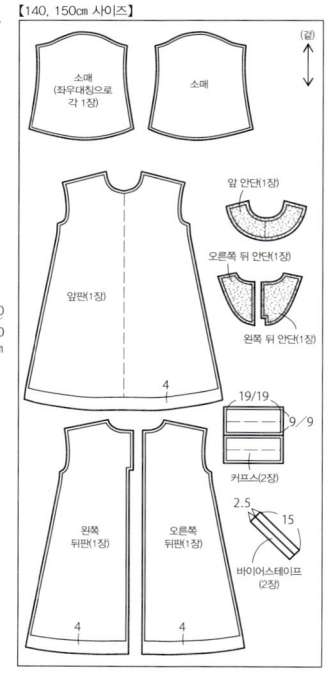

【140, 150cm 사이즈】

소매(좌우대칭으로 각 1장)　소매

앞판(1장)

앞 안단(1장)

오른쪽 뒤 안단(1장)

왼쪽 뒤 안단(1장)

왼쪽 뒤판(1장)　오른쪽 뒤판(1장)

커프스(2장)　19/19　9/9

바이어스테이프(2장)

폭 110cm

※ 커프스와 바이어스테이프는 퍼프소매만
　스트레이트 소매의 소맷부리는 시접 3cm
※ 정해진 것을 제외한 시접은 1cm
※ ▨ 부분에는 접착심지를 붙인다.
※ 치수는 위(왼쪽)부터 100cm 사이즈~
※ 커프스와 바이어스테이프는 옷감에 직접 선을 그어서 마름질한다.

● 엄마용 풀오버 & 풀오버 원피스
　photo P.40

※ 원피스도 재단 배치도는 같다.
※ 원피스는 원피스 길이로 마름질한다.
※ 만드는 방법은 42쪽~ 의 풀오버와 같다.

《완성 사이즈》(왼쪽부터 S사이즈~)

가슴둘레 116 / 120 / 126 / 132cm
길이　　54 / 56 / 58 / 60cm (풀오버)
　　　　93 / 95 / 97 / 99cm (원피스)

《재료》(왼쪽부터 S사이즈~)

**풀오버**

• 우미노브로드(새틴 면 30수 원단) 화이트
　폭 110cm×200 / 210 / 220 / 230cm
• 지름 1.1cm 단추 3개(스트레이트 소매는 3개)
• 접착심지 40×40cm

**원피스**

• 선염 스트라이프 면
　폭 110cm×290 / 290 / 300 / 300cm
• 지름 1.1cm 단추 3개(스트레이트 소매는 3개)
• 접착심지 40×40cm

**실물 크기 옷본 5면【13】**

1 – 앞판,　2 – 앞 안단,　3 – 뒤판,
4 – 오른쪽 뒤 안단,　5 – 왼쪽 뒤 안단
6 – 소매(스트레이트 소매는 7)

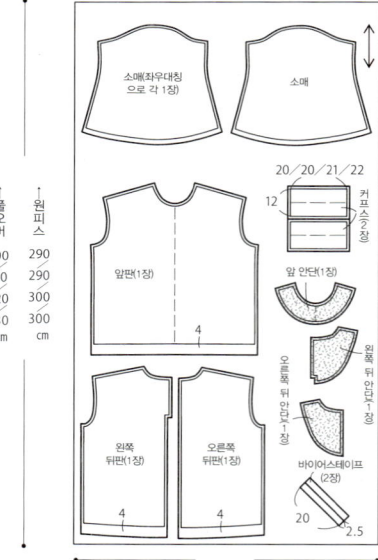

소매(좌우대칭으로 각 1장)　소매

| 풀오버 | 원피스 |
|---|---|
| 200 | 290 |
| 210 | 290 |
| 220 | 300 |
| 230 | 300 |
| cm | cm |

커프스(2장)　20/20/21/22　12

앞판(1장)

앞 안단(1장)

오른쪽 뒤 안단(1장)　왼쪽 뒤 안단(1장)

왼쪽 뒤판(1장)　오른쪽 뒤판(1장)

바이어스테이프(2장)　20　2.5

※ 커프스와 바이어스테이프는 퍼프소매만
　스트레이트 소매의 소맷부리는 시접 3cm
※ 정해진 것을 제외한 시접은 1cm
※ ▨ 부분에는 접착심지를 붙인다.
※ 치수는 위(왼쪽)부터 100cm 사이즈~
※ 커프스와 바이어스테이프는 옷감에 직접 선을 그어서 마름질한다.

# 책에서 사용한 원단

이 책에 실린 작품에 사용한 원단을 소개합니다. 각각의 작품에 적합한 원단도 소개하니 참고하세요. 똑같은 원단을 구입할 수 있는 구입처와 상품명을 실었습니다. 여러분의 작품 만들기에 도움이 되길 바랍니다.(2017년 3월)

| 수록 페이지, 작품명 | 사용한 원단 | 제조사 | 작품에 적합한 원단 |
|---|---|---|---|
| P.6 풀오버 | 선염 스트라이프 면(일반 소매) | | A |
| | 우미노브로드 / 화이트(퍼프소매) | CHECK & STRIPE | |
| P.8 종이접기 블라우스 | 선염 빈티지 리넨 스트라이프(30 수 정도의 얇은) | 기지노모리 | A |
| P.10 기본 셔츠 | 선염 워싱 면평직 | | A |
| P.12 요리사 블라우스 | 우미노브로드 / 나무딸기 | CHECK & STRIPE | A |
| P.14 빅 실루엣 티셔츠 | 양면 다이마루 | | D |
| P.16 가오리 소매 반팔 니트 셔츠 | 양면 다이마루 스트라이프 단가라(폭 155cm) | 누노모요 | E |
| P.18 스탠드업 칼라 셔츠 | 워싱 면평직(반소매) | | A |
| | 우미노브로드 / 소이라테, 화이트(긴소매) | CHECK & STRIPE | |
| P.20 보트넥 블라우스 | 워싱 고밀도 면평직 | | A |
| | 리버티 프린트 | | |
| P.22 풀오버 원피스 | 내추럴 코튼 앤 론 핸드워셔 살몬핑크(얇은 면평직–손으로 선 세탁–살몬핑크색) | 기지노모리 | A |
| P.22 셔츠 원피스 | 우미노브로드 / 차콜 그레이 | CHECK & STRIPE | A |
| P.22 요리사 블라우스(긴소매) | 워싱 라미 린넨 | 기지노모리 | A |
| P.22 타이 팬츠(턱) | 워싱 선염 면평직 스트라이프 | fabric bird | B |
| P.24 타이 팬츠 | 워싱 고밀도 면평직 | 누노모요 | B |
| | 워싱 가공 리넨(워싱 면) 비스크 색상(폭 110cm) | | |
| P.26 배럴 팬츠 | 자연건조한 면마 / 광목색(생지색) | 기지노모리 | B |
| | 자연건조한 면마 / 검은색 | | |
| P.28 헐렁한 사루엘 팬츠 | 자연건조한 면마 / 네이비(여아) | 기지노모리 | B |
| | 코튼 리넨(면마 캔버스지) / 광목색(생지색)(남아) | 누노모요 | |
| P.30 크로스 숄더 멜빵바지 | 면 캔버스지 | | B |
| P.32 복조리 배낭 | 면마 캔버스지 / 샌드워싱 가공 | CHECK & STRIPE | B |
| P.34 재킷 코트 | 내추럴 코튼 키노 클로스 검정색 | | B |
| P.36 브이넥 카디건 | 데님 다이마루 , 후라이스 스판(소매 시보리용) | (겉감) 기지노모리 (안감) Exterial Fur Shop | C |
| P.38 에스키모 코트 | (겉감) 자연건조한 면마 / 차콜 (안감) 양털(양털 보아) / 베이지 | (겉감) 기지노모리 (안감) Exterial Fur Shop | (겉감) B, C (안감) F |
| | (겉감) 자연건조한 면마 / 카키 베이지 (안감) 양털(양털 보아) / 다크 그레이 | CHECK & STRIPE | (겉감) B, C (안감) F |
| P.40 엄마용 풀오버 | 우미노브로드 / 화이트 | | A |
| P.40 엄마용 풀오버 원피스 | 선염 스트라이프 면 | | A |
| P.40 엄마용 헐렁한 사루엘 팬츠 | 라미 린넨 | | B |
| P.41 엄마용 에스키모 코트 | (겉감) 울 (안감) 양털 보아 | | (겉감) B, C (안감) F |

| A | 워싱 면평직, 40수 이상 60수 혹은 80수 리넨(실크처럼 부드럽고 얇은 것) 리넨(얇은 것~중간 두께). 옥스퍼드, 피케, 셔츠 코듀로이, 거즈, 비옐라(모와 면 혼방), 보일(60수, 80수 정도 되는 아주 얇은 천) |
|---|---|
| B | 중간 두께 리넨, 중간 두께 면, 면마 캔버스, 치노(두툼한 코튼지), 생활방수되는 가공처리된 면 프렌치, 중간 두께 캔버스, 워싱 고밀도 면평직, 트윌, 코듀로이, 벨베팅 면, 면직물포(신축성 낮은 것), 울 |
| C | 기모 니트, 자카드 니트, 퀼팅 니트 |
| D | 양면 다이마루(신축성 좋은 것), 후라이스, 후라이스 스판 |
| E | 양면 다이마루, 기모 니트, 자카드 니트(모두 신축성이 중간 정도인 것) |
| F | 플리스, 양털 보아(털 길이 2cm 정도까지) |

# 옷을 만들기 전에

### 옷감

만들고자 하는 작품에 맞는 옷감을 준비합니다. 작품에 적합한 옷감은 47쪽에서 소개하고 있으니 참고하세요. 새로 구입한 옷감은 올이 비뚤어져 있거나 세탁하면 수축하는 경우도 있으니, 재단하기 전에 '선 세탁'과 '올 바로잡기'를 합니다. 단, 특수한 옷감일 경우에는 구입처에서 세탁법 등을 따로 확인하기 바랍니다.

### 선 세탁

① 물을 충분히 받은 통에 여러 겹으로 접은 옷감을 한 시간 정도 담가 놓습니다.

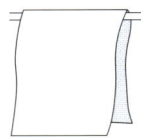

② 가볍게 물기를 짠 뒤 올을 잘 펴고 그늘에서 반쯤 마를 때까지 건조합니다.

※ 니트의 경우 옷감이 늘어나지 않도록 손으로 살짝 누르는 정도로 물기를 짜고 평평한 곳에 눕혀서 말립니다.

### 올 바로잡기

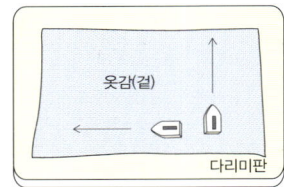

올이 직각이 되도록 바로잡은 뒤 올 방향을 따라 다림질합니다.

※ 니트의 경우 늘어나지 않게 주의하며 다림질하세요.

### 옷감·바늘·실

| 옷감의 종류 | 매끄럽고 부드러운 얇은 원단 (60수, 80수) | 청해지(인디고블루 데님셔츠용) 옥스퍼드 원단 | 두꺼운 옷감 데님. 울 |
|---|---|---|---|
| 바늘 | 9호 재봉틀 바늘 | 11호 재봉틀 바늘 | 13호 재봉틀 바늘 |
| 실 | 90번 재봉실 | 60번 재봉실 | 30번 재봉실 |

#### 니트 재봉에 관해서

신축성 있는 니트 옷감에는 실이 끊어지지 않도록 니트 전용 나일론실과 끝이 둥근 니트 전용 바늘을 사용하세요.

### 필요한 옷감의 분량을 결정하는 방법

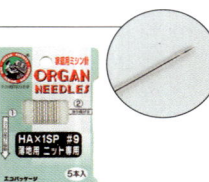

① 종이에 옷감 폭 10분의 1 크기의 사각형을 그린다.
② 옷본의 가로와 세로 가운데 가장 긴 부분을 재서 10분의 1 크기의 사각형을 그린다.
③ ②의 사각형을 1의 안에 필요한 장수만큼 배치한다. 자로 세로의 길이를 재서 10배로 늘린 것이 필요한 옷감의 치수가 된다.

### 옷본과 재단 배치도

- 아이용 100~150사이즈(일부 제외)의 옷을 만들 수 있습니다. 각 사이즈 참고 치수는 49쪽 표를 참고하세요.
- 재료의 옷감 필요량은 폭×길이 순으로 표기했습니다. 무늬를 맞춰야 할 경우에는 넉넉하게 준비하세요. 특별히 정하지 않았을 경우의 단위는 센티미터㎝입니다.
- 실물 크기 옷본은 한 면에 여러 작품이 인쇄되어 있습니다. 필요한 부분을 확인한 뒤 크라프트지 등과 같은 비치는 종이에 옮겨 그려서 사용하세요.
- 실물 크기 옷본에는 시접이 포함되어 있지 않습니다. 재단 배치도를 참조하여 직접 시접을 그려서 재단하세요.
- 직선으로 만들 수 있는 부분의 실물 크기 옷본은 실려 있지 않습니다. 옷감에 직접 선을 그어서 마름질하기 바랍니다.

### 옷본 안에 나오는 기호

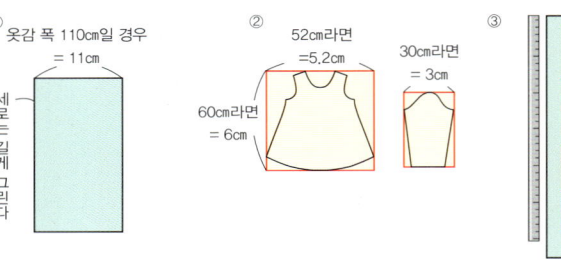

**식서 방향**
옷감의 올이 잘 풀리지 않는 가장자리와 평행인 식서 방향에 맞춘다.

**골선**
이 선을 옷감의 접은 선에 대고 좌우대칭으로 만든다.

**안단선**
안단의 위치와 모양을 표시하는 선

**맞춤 표시**
각각의 패턴을 맞추기 위한 표시

**주름**
주름을 잡는 부분

**턱tuck**
사선의 높은 쪽에서 낮은 쪽으로 옷감을 접는다.

## 옷본 만드는 법

### 옷본을 옮겨 그린다

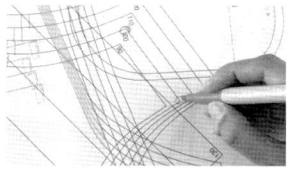

① 만들고 싶은 작품의 옷본을 찾아서 모서리 등의 포인트에 눈에 띄는 색으로 표시한다.

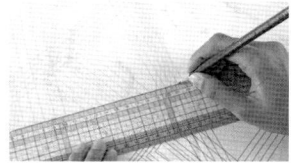

② 옷본 위에 크라프트지 등의 비치는 종이를 겹친 뒤 자를 사용해서 선을 옮겨 그린다.

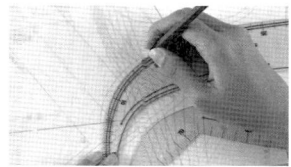

③ ②에서 표시한 부분을 곡선자 등으로 깔끔하게 선을 그어 연결한다.

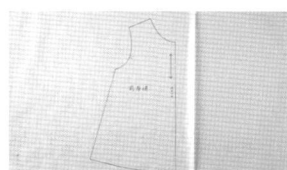

④ 완성선을 따라 자른다. 이것으로 시접이 있는 옷본 완성.

### 시접을 그린다

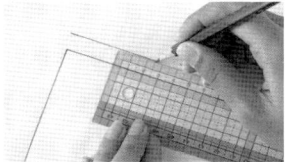

① 시접 치수는 재단 배치도를 참조한다. 모눈자를 사용하면 편리하다.

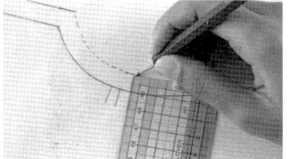

② 곡선 부분은 시접 폭을 직각으로 재서 표시한다.

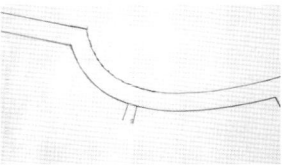

③ ②에서 표시한 부분을 곡선자 등으로 깔끔하게 선을 그어 연결한다.

④ 완성선을 따라 자른다. 이것으로 시접이 있는 옷본 완성.

## 바이어스테이프 만드는 법

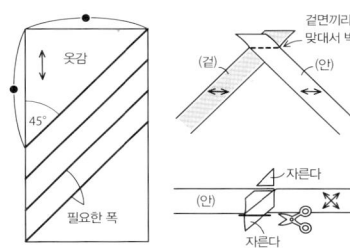

식서 방향에 대해 45도 각도로 자른 옷감을 바이어스테이프라고 합니다. 자른 바이어스테이프를 필요한 길이만큼 연결해서 사용합니다.

★ 바이어스테이프 메이커를 사용하면 손쉽게 만들 수 있습니다. 바이어스테이프 메이커는 완성 폭 6mm, 12mm, 18mm, 25mm, 50mm가 있습니다.

## 바이어스테이프와 커프스 접는 법

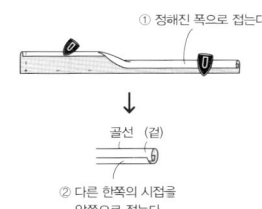

① 정해진 폭으로 접는다

골선 (겉)

② 다른 한쪽의 시접을 앞쪽으로 접는다

그림처럼 접으면 앞으로 접은 쪽의 폭이 조금 좁아집니다. 이쪽을 겉면으로 사용하면 안쪽에 여유가 생겨서 겉에서 박았을 때 꿰맨 자리가 떨어지는 것을 방지할 수 있습니다.

## 단춧구멍 만드는 법

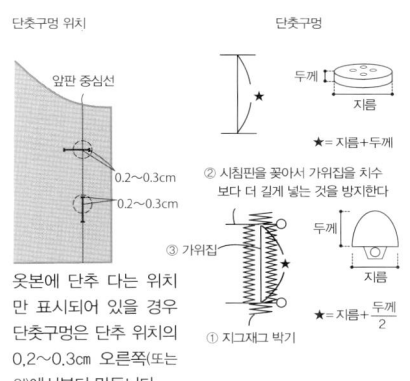

옷본에 단추 다는 위치만 표시되어 있을 경우 단춧구멍은 단추 위치의 0.2~0.3cm 오른쪽(또는 위)에서부터 만듭니다.

## 기준 사이즈 표

### 성인용

|  | S | M | L | LL |
|---|---|---|---|---|
| 키 | 153~160 |  | 160~165 |  |
| 가슴둘레 | 86 | 90 | 94 | 98 |
| 허리둘레 | 63 | 67 | 71 | 75 |
| 엉덩이둘레 | 79 | 83 | 87 | 91 |

### 아이용

|  | 80 | 90 | 100 | 110 | 120 | 130 | 140 | 150 |
|---|---|---|---|---|---|---|---|---|
| 키 | 75~85 | 85~95 | 95~105 | 105~115 | 115~125 | 125~135 | 135~145 | 145~155 |
| 가슴둘레 | 50 | 52 | 54 | 56 | 60 | 64 | 68 | 72 |
| 허리둘레 | 44 | 46 | 48 | 50 | 52 | 54 | 56 | 58 |
| 엉덩이둘레 | 50 | 53 | 57 | 60 | 65 | 70 | 75 | 80 |

# 종이접기 블라우스　photo P.8

**완성 사이즈**(왼쪽부터 100~150사이즈)
가슴둘레　69 / 73 / 77 / 81 / 85 / 99cm
길이　　　35 / 38.5 / 42 / 45.5 / 49 / 52cm

**재료**(왼쪽부터 100~150사이즈)
• 선염 빈티지 리넨 스트라이프(30수 정도 얇은)
　폭 120cm×90 / 100 / 120 / 130 / 150 / 160cm
• 지름 1.2cm 단추 1개

실물 크기 패턴 1면【2】
1 – 앞판, 2 – 뒤판,
3 – 소매

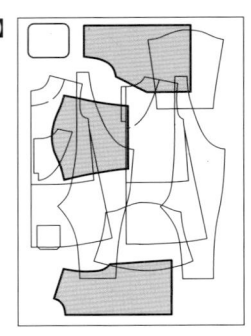

## 재단 배치도

**100 · 110사이즈**

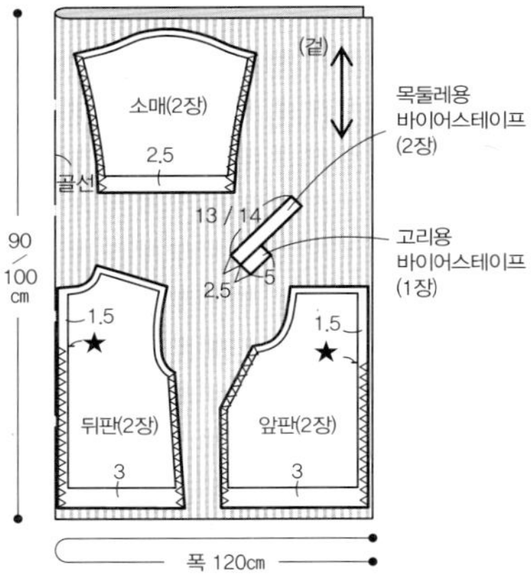

(겉)

소매(2장)
2.5

골선

13 / 14

2.5　5

목둘레용
바이어스테이프
(2장)

고리용
바이어스테이프
(1장)

90
/
100
cm

1.5　★

1.5　★

뒤판(2장)

앞판(2장)

3

3

폭 120cm

※ 치수는 위(왼쪽)부터 100 / 110사이즈

**120~150 사이즈**

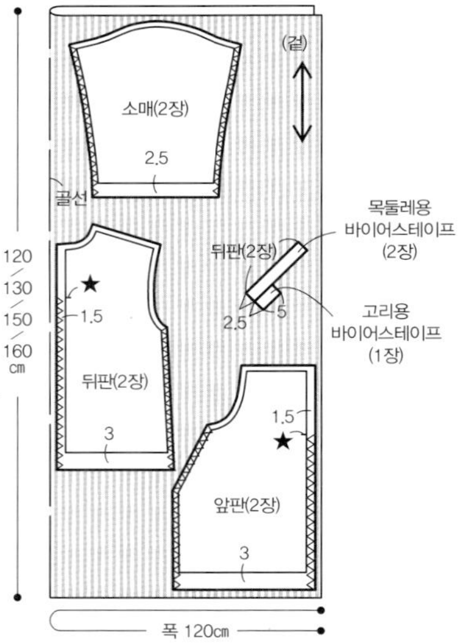

(겉)

소매(2장)
2.5

골선

뒤판(2장)

2.5　5

목둘레용
바이어스테이프
(2장)

고리용
바이어스테이프
(1장)

120
/
130
/
150
/
160
cm

1.5　★

뒤판(2장)

3

1.5

★

앞판(2장)

3

폭 120cm

※ 치수는 위(왼쪽)부터 120~150사이즈
※ 정해진 것을 제외한 시접은 1cm
※ wwww 는 시접을 지그재그로 박아서 처리한다.
※ 바이어스테이프는 옷감에 직접 선을 그어서 마름질한다.
※ ★ = 트임 끝

## 바느질 순서

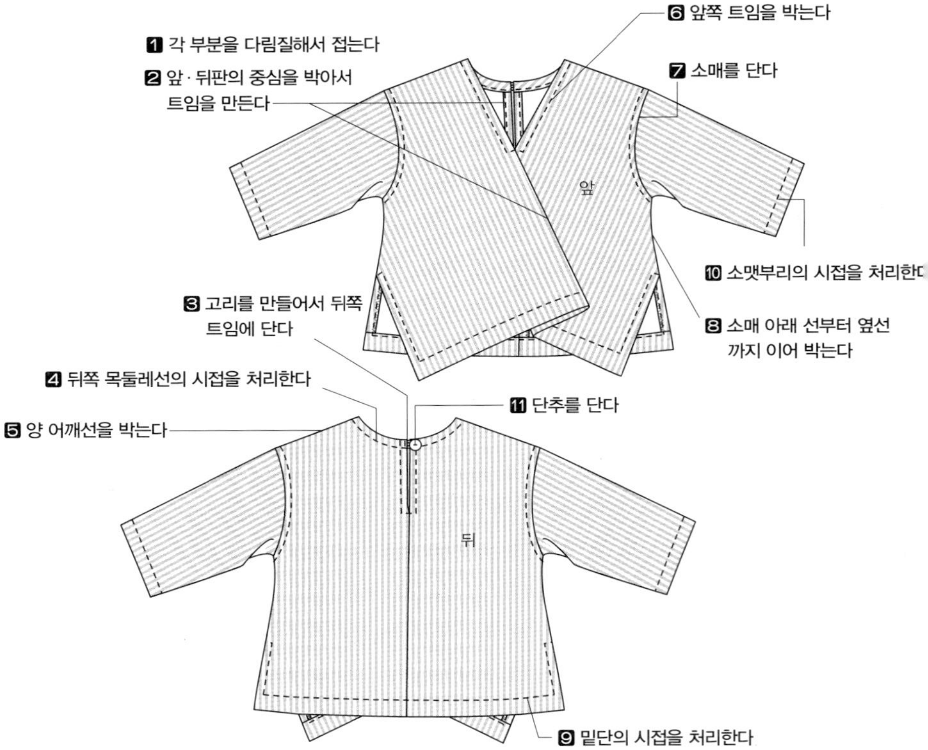

**1** 각 부분을 다림질해서 접는다

**2** 앞·뒤판의 중심을 박아서
　트임을 만든다

**6** 앞쪽 트임을 박는다

**7** 소매를 단다

앞

**3** 고리를 만들어서 뒤쪽
　트임에 단다

**4** 뒤쪽 목둘레선의 시접을 처리한다

**5** 양 어깨선을 박는다

**10** 소맷부리의 시접을 처리한다

**8** 소매 아래 선부터 옆선
　까지 이어 박는다

**11** 단추를 단다

뒤

**9** 밑단의 시접을 처리한다

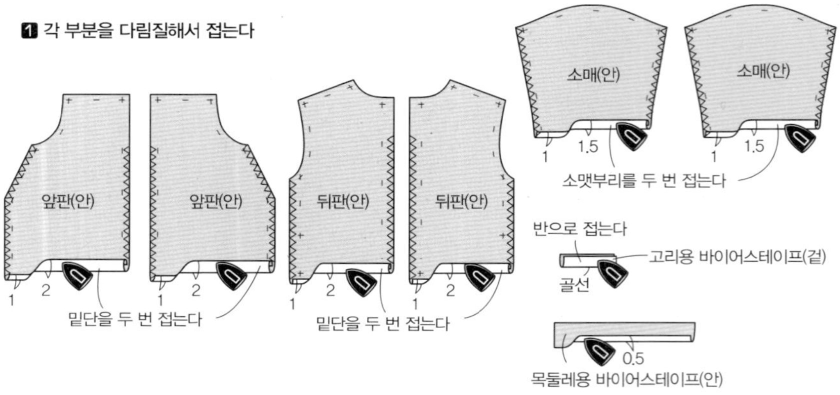

**1** 각 부분을 다림질해서 접는다

앞판(안)
1　2
밑단을 두 번 접는다

앞판(안)
1　2

뒤판(안)
1　2

뒤판(안)
1
밑단을 두 번 접는다

소매(안)
1　1.5

소매(안)
1　1.5

소맷부리를 두 번 접는다

반으로 접는다

고리용 바이어스테이프(겉)

골선

0.5

목둘레용 바이어스테이프(안)

## **2** 앞·뒤판의 중심을 박아서 트임을 만든다

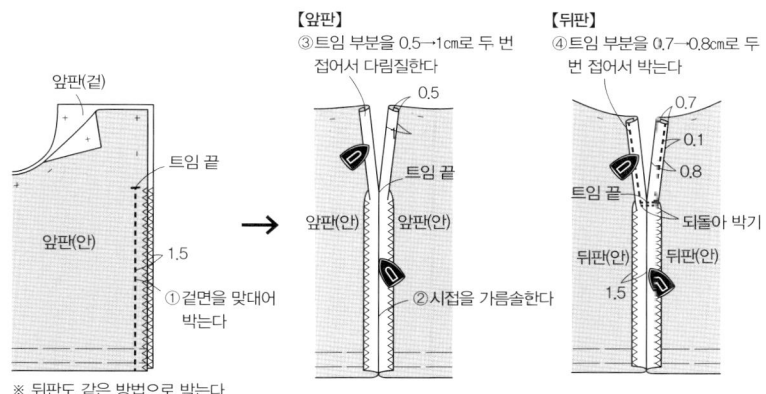

**【앞판】**
③트임 부분을 0.5→1cm로 두 번 접어서 다림질한다

**【뒤판】**
④트임 부분을 0.7→0.8cm로 두 번 접어서 박는다

앞판(겉)

트임 끝

앞판(안)

0.5

트임 끝

앞판(안)      앞판(안)

②시접을 가름솔한다

0.7
0.1
0.8

트임 끝

되돌아 박기

뒤판(안)      뒤판(안)

1.5

1.5

①겉면을 맞대어 박는다

※ 뒤판도 같은 방법으로 박는다

## **3** 고리를 만들어서 뒤쪽 트임에 단다

※ 고리 만드는 법은 59쪽 참조

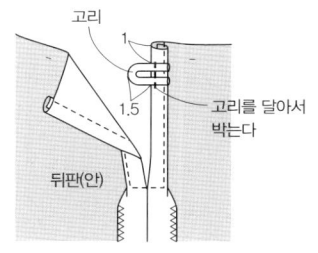

고리

1

1.5

고리를 달아서 박는다

뒤판(안)

## **4** 뒤쪽 목둘레선의 시접을 처리한다

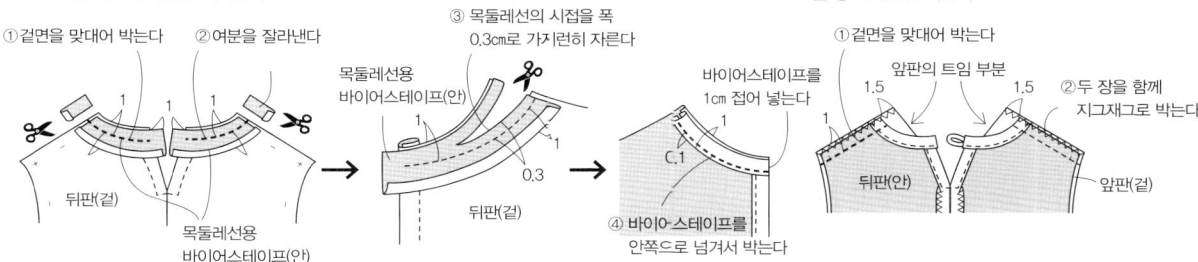

①겉면을 맞대어 박는다

②여분을 잘라낸다

③ 목둘레선의 시접을 폭 0.3cm로 가지런히 자른다

1      1

뒤판(겉)

목둘레선용 바이어스테이프(안)

목둘레선용 바이어스테이프(안)

1
0.3

뒤판(겉)

바이어스테이프를 1cm 접어 넣는다

C.1

④ 바이어·스테이프를 안쪽으로 넘겨서 박는다

## **5** 양 어깨선을 박는다

①겉면을 맞대어 박는다

앞판의 트임 부분

②두 장을 함께 지그재그로 박는다

1.5      1.5

1

뒤판(겉)

앞판(겉)

## **6** 앞쪽 트임을 박는다

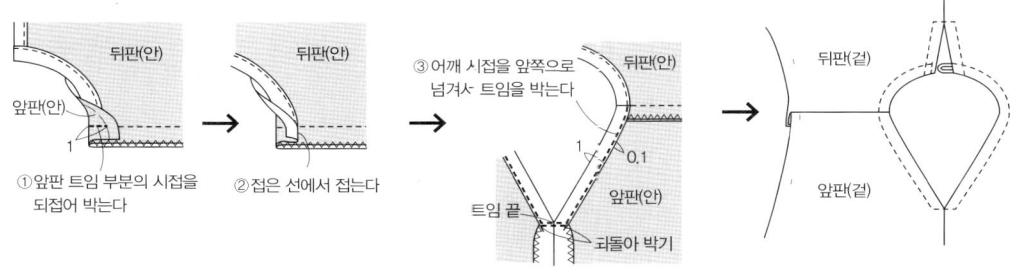

뒤판(안)

앞판(안)

1

①앞판 트임 부분의 시접을 되접어 박는다

②접은 선에서 접는다

뒤판(안)

③ 어깨 시접을 앞쪽으로 넘겨서 트임을 박는다

1
0.1

트임 끝

앞판(안)

되돌아 박기

뒤판(겉)

앞판(겉)

## **7** 소매를 단다 ※ 소매 다는 법은 61쪽 **7** 참조

## **8** 소매 아래 선부터 옆선까지 이어 박는다

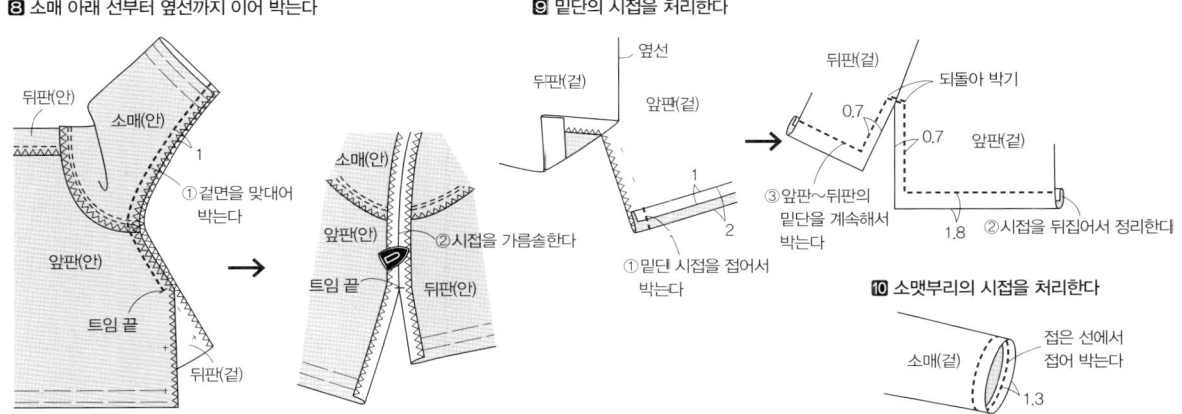

뒤판(안)

소매(안)

1

①겉면을 맞대어 박는다

앞판(안)

트임 끝

뒤판(겉)

소매(안)

②시접을 가름솔한다

앞판(안)      뒤판(안)

트임 끝

## **9** 밑단의 시접을 처리한다

옆선

두판(겉)

앞판(겉)

1

2

①밑단 시접을 접어서 박는다

뒤판(겉)

0.7

되돌아 박기

0.7

앞판(겉)

③앞판~뒤판의 밑단을 계속해서 박는다

1.8

②시접을 뒤집어서 정리한다

## **10** 소맷부리의 시접을 처리한다

소매(겉)

접은 선에서 접어 박는다

1.3

# 기본 셔츠 photo P.10

**완성 사이즈**(왼쪽부터 80~150사이즈)
가슴둘레 62.5 / 66.5 / 70.5 / 74.5 / 78.5 / 82.5 / 86.5 / 91.5cm
길이　　33.5 / 35.5 / 38.5 / 41.5 / 44.5 / 46 / 48 / 52cm

**재료**(왼쪽부터 80~150사이즈)
- 선염 워싱 면평직
　폭 110cm×90 / 100 / 110 / 120 / 140 / 150 / 160 / 170cm
- 접착심지 50×50cm
- 지름 1.2cm 단추 7 / 7 / 7 / 7 / 8 / 8 / 8 / 8개

**실물 크기 패턴 2면【4】**
1 – 앞판,　　2 – 뒤 요크,
3 – 뒤판,　　4 – 소매,
5 – 커프스,　6 – 호주머니,
7 – 칼라 밴드, 8 – 칼라

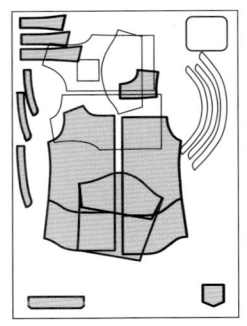

## 재단 배치도

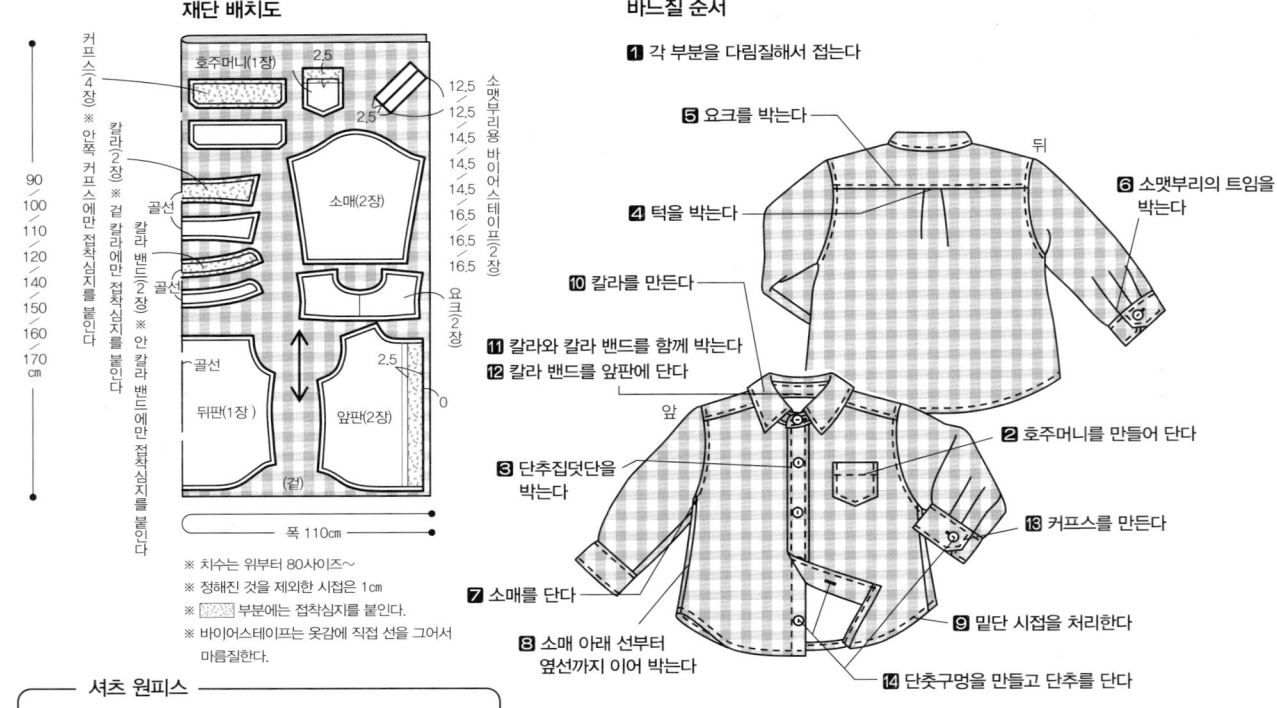

※ 치수는 위부터 80사이즈~
※ 정해진 것을 제외한 시접은 1cm
※ ▨▨ 부분에는 접착심지를 붙인다.
※ 바이어스테이프는 옷감에 직접 선을 그어서
　마름질한다.

## 바느질 순서

**1** 각 부분을 다림질해서 접는다

**5** 요크를 박는다

**6** 소맷부리의 트임을 박는다

**4** 턱을 박는다

**10** 칼라를 만든다

**11** 칼라와 칼라 밴드를 함께 박는다
**12** 칼라 밴드를 앞판에 단다

**3** 단추집덧단을 박는다

**2** 호주머니를 만들어 단다

**13** 커프스를 만든다

**7** 소매를 단다

**9** 밑단 시접을 처리한다

**8** 소매 아래 선부터 옆선까지 이어 박는다

**14** 단춧구멍을 만들고 단추를 단다

---

## 셔츠 원피스

**완성 사이즈**(왼쪽부터 80~100사이즈)
길이 42 / 47 / 52 / 57 / 61.5 / 66.5 / 71.5 / 76.5cm

**재료**(왼쪽부터 80~150사이즈)
- 우미노브로드(차콜 그레이)
　폭 110cm×90 / 100 / 110 / 120 / 140 / 150 / 180 / 200cm
- 지름 1.2cm 단추 8 / 8 / 8 / 9 / 9 / 9 / 10 / 10개
- 접착심지 40×100cm

※ 재단 배치도, 만드는 방법은 기본 셔츠와 똑같으며 오른쪽 몸판을 위로 한다.

**1** 각 부분을 다림질해서 접는다

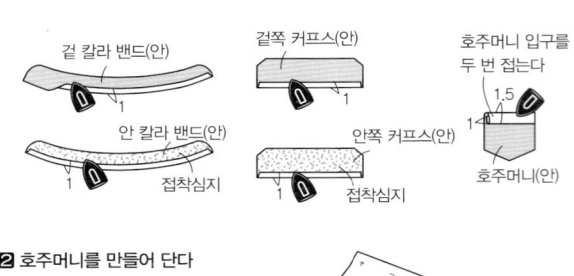

겉 칼라 밴드(안)

겉쪽 커프스(안)

호주머니 입구를 두 번 접는다
1.5
1

안 칼라 밴드(안)
접착심지

안쪽 커프스(안)
접착심지

호주머니(안)

**2** 호주머니를 만들어 단다

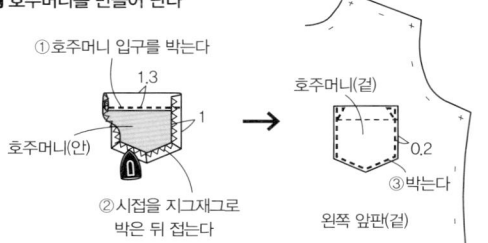

①호주머니 입구를 박는다
1.3
호주머니(안)
1

②시접을 지그재그로 박은 뒤 접는다

호주머니(겉)
0.2
③박는다
왼쪽 앞판(겉)

**3** 단추집덧단을 박는다 ※ 60쪽 **3** 참조

**4** 턱을 박는다

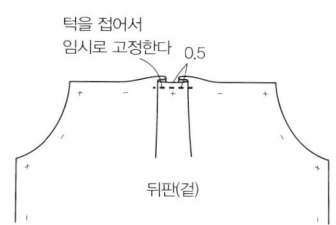

턱을 접어서
임시로 고정한다
0.5

뒤판(겉)

**6** 소맷부리의 트임을 박는다 ※ 61쪽 **6** 참조

**7** 소매를 단다 ※ 61쪽 **7** 참조

**8** 소매 아래 선부터 옆선까지 이어 박는다 ※ 57쪽 **6** 참조

**9** 밑단 시접을 처리한다

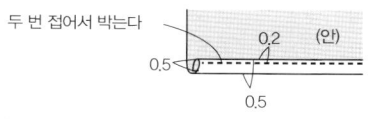

두 번 접어서 박는다
0.2 (안)
0.5
0.5

**5** 요크를 박는다

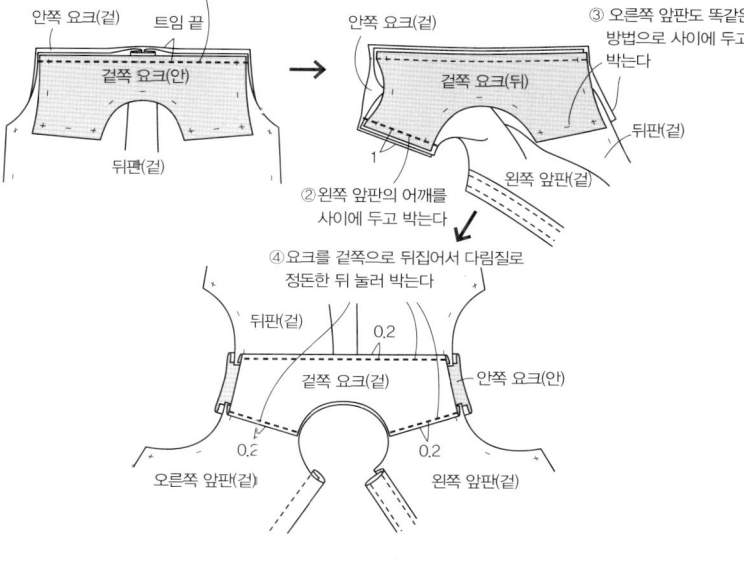

①뒤판을 요크 사이에 두고 박는다
안쪽 요크(겉)
트임 끝
겉쪽 요크(안)
뒤판(겉)

③오른쪽 앞판도 똑같은
방법으로 사이에 두고
박는다
안쪽 요크(겉)
겉쪽 요크(뒤)
뒤판(겉)
왼쪽 앞판(겉)

②왼쪽 앞판의 어깨를
사이에 두고 박는다

④요크를 겉쪽으로 뒤집어서 다림질로
정돈한 뒤 눌러 박는다
뒤판(겉)
0.2
겉쪽 요크(겉)
안쪽 요크(안)
0.2
0.2
오른쪽 앞판(겉)
왼쪽 앞판(겉)

**10** 칼라를 만든다

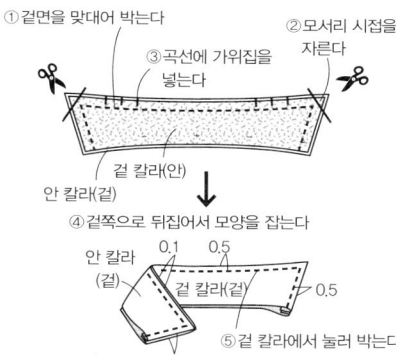

①겉면을 맞대어 박는다
②모서리 시접을 자른다
③곡선에 가위집을 넣는다
안 칼라(안)
겉 칼라(안)

④겉쪽으로 뒤집어서 모양을 잡는다
안 칼라(겉)
0.1   0.5
겉 칼라(겉)
0.5
⑤겉 칼라에서 눌러 박는다
0.1 밖으로 나오게 한다

**11** 칼라와 칼라 밴드를 함께 박는다

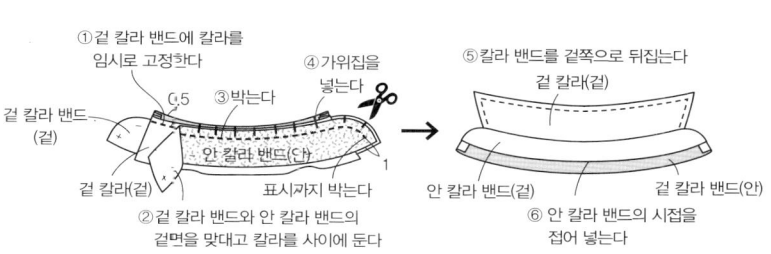

①겉 칼라 밴드에 칼라를
임시로 고정한다
겉 칼라 밴드
(겉)
0.5
③박는다
④가위집을
넣는다
안 칼라 밴드(안)
겉 칼라(겉)
표시까지 박는다
②겉 칼라 밴드와 안 칼라 밴드의
겉면을 맞대고 칼라를 사이에 둔다

⑤칼라 밴드를 겉쪽으로 뒤집는다
겉 칼라(겉)
안 칼라 밴드(겉)
겉 칼라 밴드(안)
⑥안 칼라 밴드의 시접을
접어 넣는다

**12** 칼라 밴드를 앞판에 단다

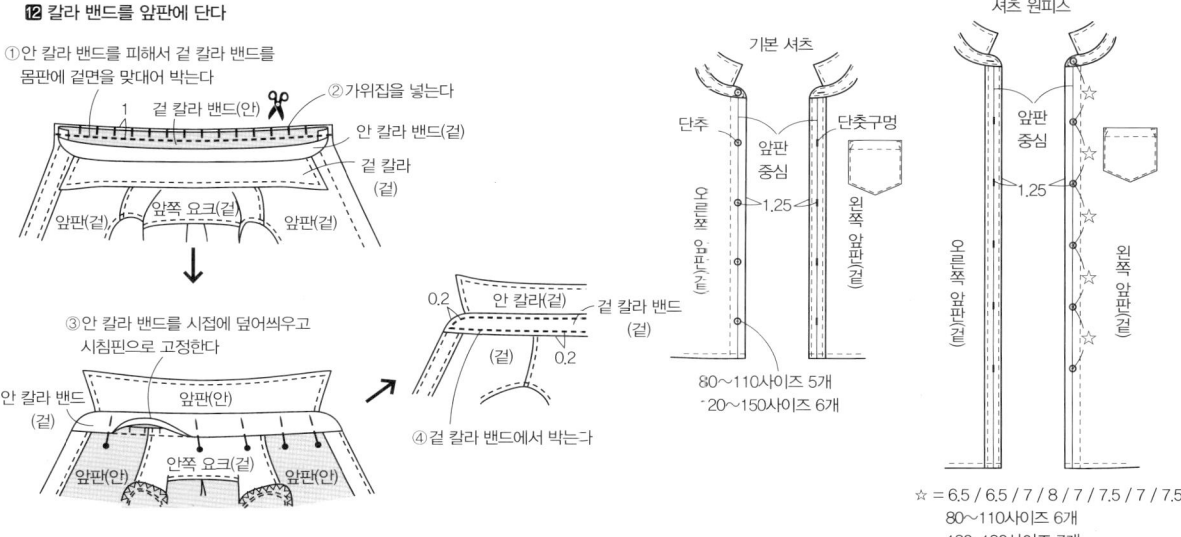

①안 칼라 밴드를 피해서 겉 칼라 밴드를
몸판에 겉면을 맞대어 박는다
②가위집을 넣는다
1
겉 칼라 밴드(안)
안 칼라 밴드(겉)
겉 칼라
앞판(겉)
앞쪽 요크(겉)
앞판(겉)

③안 칼라 밴드를 시접에 덮어씌우고
시침핀으로 고정한다
안 칼라 밴드(겉)
앞판(안)
앞판(안)
안쪽 요크(겉)
앞판(안)

안 칼라(겉)   겉 칼라 밴드(겉)
(겉)   0.2
0.2
④겉 칼라 밴드에서 박는다

**13** 커프스를 만든다 ※ 61쪽 **12** 참조

**14** 단춧구멍을 만들고 단추를 단다

기본 셔츠
단추
앞판
중심
1.25
오른쪽 앞판(겉)
단춧구멍
왼쪽 앞판(겉)

80~110사이즈 5개
120~150사이즈 6개

셔츠 원피스
앞판
중심
1.25
오른쪽 앞판(겉)
왼쪽 앞판(겉)

☆ = 6.5 / 6.5 / 7 / 8 / 7 / 7.5 / 7 / 7.5
80~110사이즈 6개
120, 130사이즈 7개
140, 150사이즈 8개

# 요리사 블라우스  photo P.12

**완성 사이즈**(왼쪽부터 80~150사이즈)
가슴둘레  78 / 82 / 85 / 89 / 93 / 96 / 100 / 104cm
길이     30.5 / 33 / 36 / 38.5 / 41.5 / 44.5 / 47.5 / 50.5cm

**재료**(왼쪽부터 80~150사이즈)
〈반소매〉
• 우미노브로드
  폭      110cm×80 / 95 / 100 / 110 / 120 / 140 / 145 / 150cm
• 접착심지  15×35 / 37.5 / 40 / 42.5 / 45 / 47.5 / 50 / 52.5cm
• 지름     1.1cm 단추 8 / 8 / 8 / 8 / 8 / 10 / 10 / 10개
〈긴소매〉
• 워싱 라미 리넨
  폭      110cm×80 / 95 / 100 / 110 / 120 / 140 / 145 / 150cm
• 접착심지  15×35 / 37.5 / 40 / 42.5 / 45 / 47.5 / 50 / 52.5cm
• 지름     1.1cm 단추 8 / 8 / 8 / 8 / 8 / 10 / 10 / 10개

실물 크기 패턴 3면【7】
1 – 앞판,  2 – 뒤판,
3 – 소매

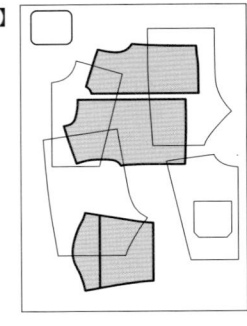

## 재단 배치도

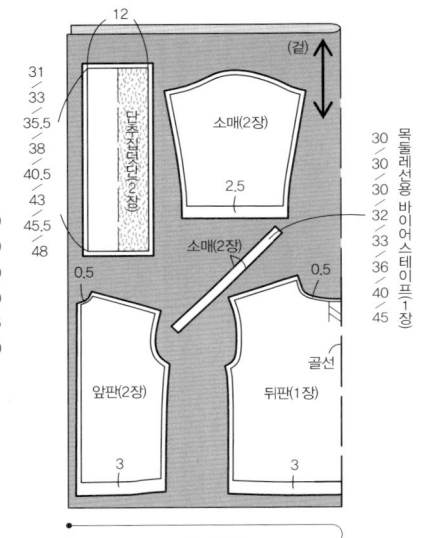

※ 치수는 위부터 80사이즈~
※ 정해진 것을 제외한 시접은 1cm
※ ▨ 부분에는 접착심지를 붙인다.
※ 단추집덧단, 바이어스테이프는 옷감에 직접 선을 그어서 마름질한다.
※ 반소매도 재단 배치도는 공통

## 바느질 순서

**1** 각 부분을 다림질해서 접는다

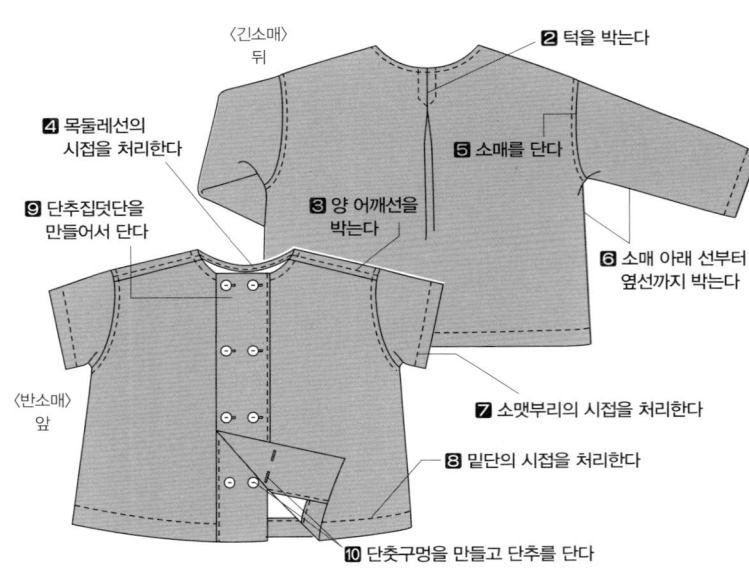

**2** 턱을 박는다

**4** 목둘레선의 시접을 처리한다

**5** 소매를 단다

**9** 단추집덧단을 만들어서 단다

**3** 양 어깨선을 박는다

**6** 소매 아래 선부터 옆선까지 박는다

**7** 소맷부리의 시접을 처리한다

**8** 밑단의 시접을 처리한다

**10** 단춧구멍을 만들고 단추를 단다

〈긴소매〉 뒤

〈반소매〉 앞

## 1 각 부분을 다림질해서 접는다

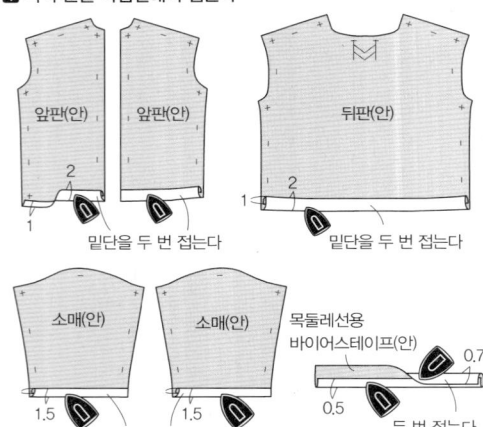

앞판(안)  앞판(안)  뒤판(안)
밑단을 두 번 접는다      밑단을 두 번 접는다

소매(안)  소매(안)  목둘레선용 바이어스테이프(안)
소맷부리를 두 번 접는다      두 번 접는다

## 2 턱을 박는다

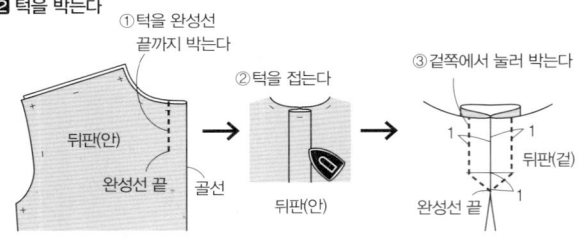

①턱을 완성선 끝까지 박는다
②턱을 접는다
③겉쪽에서 눌러 박는다
뒤판(안)  완성선 끝  골선  뒤판(안)  뒤판(겉)  완성선 끝

## 3 양 어깨선을 박는다

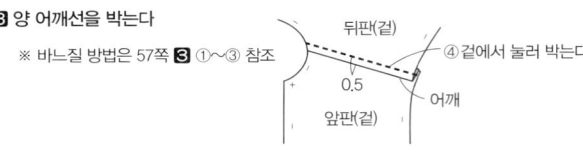

※ 바느질 방법은 57쪽 **3** ①~③ 참조
뒤판(겉)  ④겉에서 눌러 박는다
0.5  어깨  앞판(겉)

**4 목둘레선의 시접을 처리한다**

① 겉면을 맞대어 박는다

③ 돌둘레선용 바이어스테이프를 겉쪽으로 뒤집고 접은 선에서 접어 박는다

목둘레선용 바이어스테이프(안)

뒤판(겉)

0.7

0.5

목둘레선용 바이어스테이프(겉)

0.1 뒤판(안)

앞판(겉)

② 곡선 부분에 가위집을 넣는다

앞판(겉)

0.7

앞판(안)

**5 소매를 단다**

※ 소매 다는 법은 61쪽 **7** 참조

**6 소매 아래 선부터 옆선까지 박는다**

소매(안)

①겉면을 맞대어 소매 아래 선부터 옆선까지 이어 박는다

앞판(안)

1

②두 장을 함께 지그재그로 박는다

③시접을 뒤판 쪽으로 넘긴다

앞판(안)   뒤판(안)

**7 소맷부리의 시접을 처리한다**

소매(안)

접은 선에서 접어 박는다

1.3

**8 밑단의 시접을 처리한다**

몸판(안)

2

1

1.3

접은 선에서 접어 박는다

**9 단추집덧단을 만들어서 단다**

단추집덧단(안)

안쪽   겉쪽

1

①단추집덧단을 다림질해서 접는다

1

골선

오른쪽 단추집덧단

겉쪽(겉)

골선

골선

왼쪽 단추집덧단

겉쪽(겉)

골선

②겉쪽이 안으로 가게 반으로 접어서 박는다

1

1

오른쪽 단추집덧단 · 겉쪽(안)

②

1

1

③겉으로 뒤집는다

1

오른쪽 단추집덧단 · 안쪽(겉)

골선

안쪽은 접은 선에서 접는다

겉쪽(안)

왼쪽 단추집덧단 · 안쪽(겉)

④앞판에 겹쳐서 박는다

오른쪽 앞판(겉)

1

오른쪽 단추집덧단 · 안쪽(겉)

오른쪽 단추집덧단 · 안쪽(겉)

오른쪽 앞판(겉)

⑤시접을 안으로 넣는다

0.1

ⓒ겉에서 박는다

오른쪽 앞판(겉)

오른쪽 단추집덧단 · 겉쪽(겉)

※ 왼쪽 단추집덧단도 같은 방법으로 단다

**10 단춧구멍을 만들고 단추를 단다**

3.5   1

1

오른쪽 앞판(겉)

★

★

★

왼쪽 앞판(겉)

★ = 7.5 / 8 / 9 / 10 / 11 / 9 / 9.5 / 10
80〜120사이즈 8개
130〜150사이즈 10개

# 빅 실루엣 티셔츠  photo P.14

**완성 사이즈**(왼쪽부터 100~150사이즈)
가슴둘레  76 / 80 / 84 / 88 / 92 / 96cm
길이      33.5 / 36.5 / 39.5 / 42.5 / 45.5 / 48.5cm

**재료**(왼쪽부터 100~150사이즈)
• 양면 니트
  폭 150cm×50 / 50 / 55 / 60 / 60 / 65cm
• 리버티 프린트 30×30cm
• 폭 1cm 늘임 방지 테이프 50cm

실물 크기 패턴 2면【6】
1 - 앞판, 2 - 뒤판,
3 - 소매, 4 - 호주머니

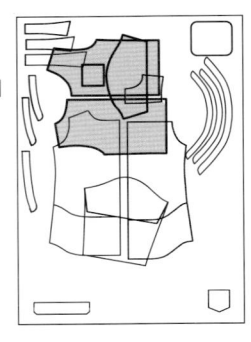

## 재단 배치도

양면 니트

목둘레용 면테이프(1장)
5×39 / 40 / 41 / 42 / 44 / 46

호주머니(1장)  (겉)

소매(좌우대칭으로 각 1장)
1.5

소매
1.5

앞판(1장)
골선
2

호주머니 부착 위치

뒤판(1장)
골선
2

0    5

1.5

폭 150cm

리버티 프린트

뒤쪽 목둘레선용 바이어스테이프(1장)
2.5×19 / 19 / 20 / 20 / 21 / 22

30cm
(겉)   2.5
30cm

※ 치수는 위부터 100사이즈~
※ 정해진 것을 제외한 시접은 1cm
※ ▨▨▨ 부분에는 늘임 방지 테이프를 붙인다.
※ wwww는 시접을 지그재그로 박아서 처리한다.
※ 목둘레용 면테이프, 바이어스테이프는 옷감에 직접 선을 그어서 마름질한다.

## 바느질 순서

**■1** 각 부분을 다림질해서 접는다

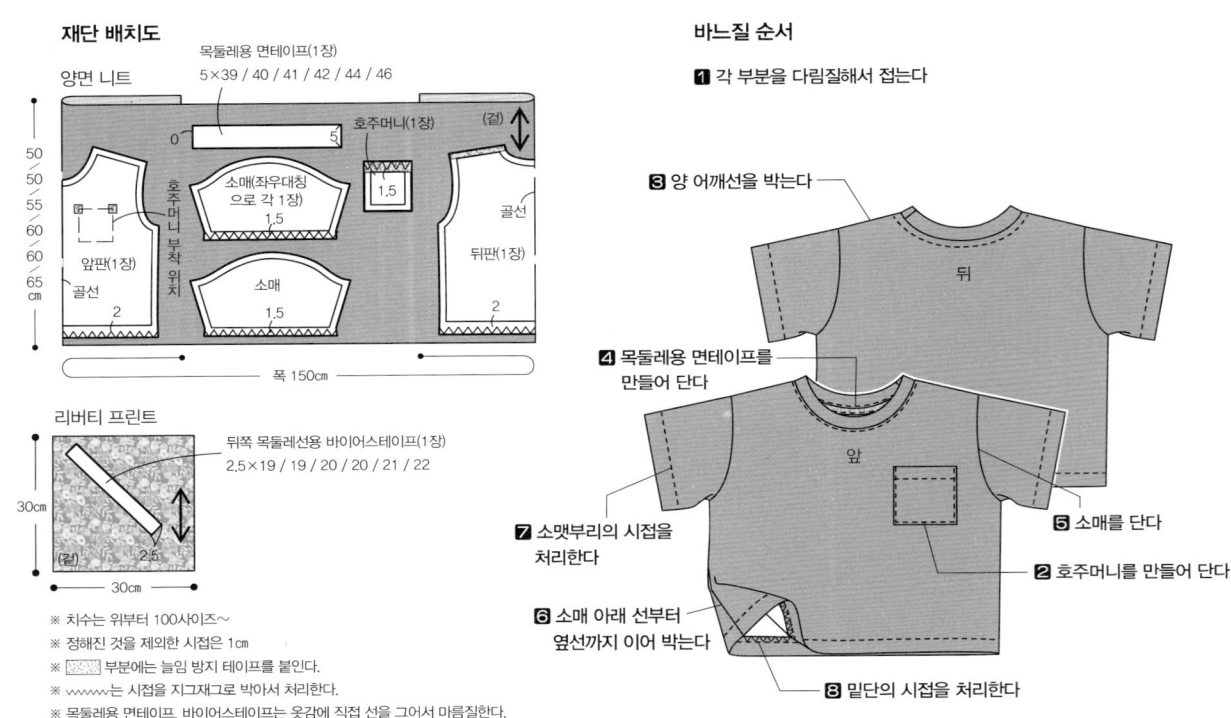

**■3** 양 어깨선을 박는다

뒤

앞

**■4** 목둘레용 면테이프를 만들어 단다

**■7** 소맷부리의 시접을 처리한다

**■5** 소매를 단다

**■2** 호주머니를 만들어 단다

**■6** 소매 아래 선부터 옆선까지 이어 박는다

**■8** 밑단의 시접을 처리한다

**■1** 각 부분을 다림질해서 접는다

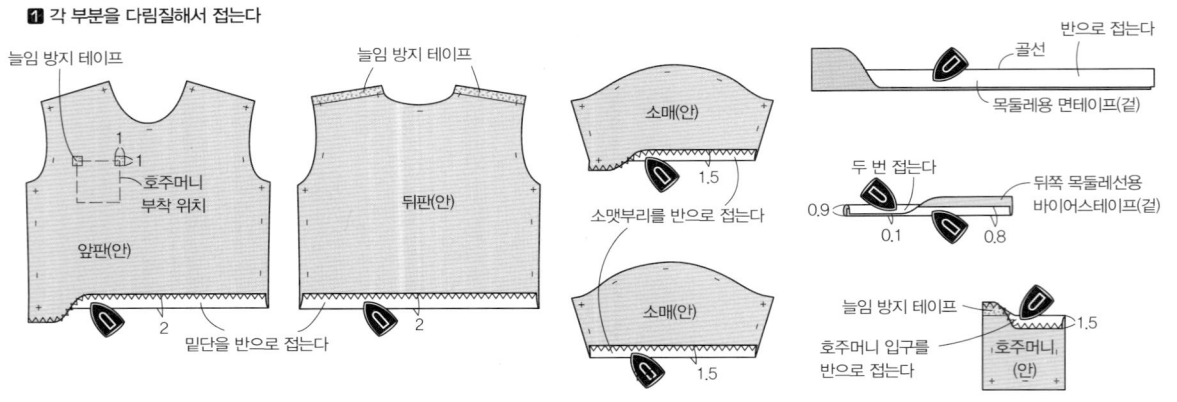

늘임 방지 테이프

늘임 방지 테이프

앞판(안)
1
1
호주머니 부착 위치
2
밑단을 반으로 접는다

뒤판(안)
2

소매(안)
1.5
소맷부리를 반으로 접는다

소매(안)
1.5

반으로 접는다
골선
목둘레용 면테이프(겉)

두 번 접는다
0.9
0.1    0.8
뒤쪽 목둘레선용 바이어스테이프(겉)

늘임 방지 테이프
호주머니 입구를 반으로 접는다
호주머니(안)
1.5

**❷ 호주머니를 만들어 단다**

**❸ 양 어깨선을 박는다**

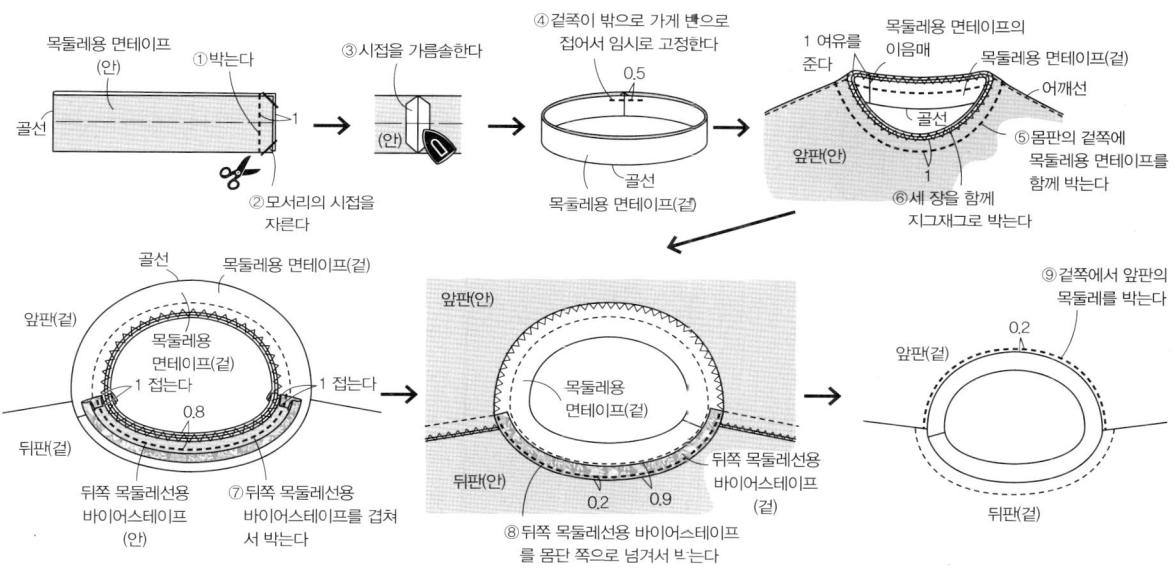

① 호주머니 입구를 박는다
1.3
1.5
호주머니(안)
② 시접을 지그재그로 박는다
③ 시접을 접는다
앞판(겉)
바느질 끝 부분
바느질 시작 부분
호주머니(겉)
0.2
④ 앞판에 겹쳐서 박는다
바느질 시작 부분과 끝 부분은 되돌아 박는다
호주머니(겉)

① 겉면을 맞대어 박는다
② 두 장을 함께 지그재그로 박는다
1
뒤판(겉)
앞판(안)
뒤판(안)
③ 시접을 뒤판 쪽으로 넘긴다

**❹ 목둘레용 면테이프를 만들어 단다**

목둘레용 면테이프(안)
① 박는다
골선
1
② 모서리의 시접을 자른다
③ 시접을 가름솔한다
(안)
④ 겉쪽이 밖으로 가게 반으로 접어서 임시로 고정한다
0.5
골선
목둘레용 면테이프(겉)
목둘레용 면테이프의 이음매
목둘레용 면테이프(겉)
어깨선
골선
1
앞판(안)
1 여유를 준다
⑤ 몸판의 겉쪽에 목둘레용 면테이프를 함께 박는다
⑥ 세 장을 함께 지그재그로 박는다

골선
목둘레용 면테이프(겉)
앞판(겉)
목둘레용 면테이프(겉)
1 접는다
1 접는다
0.8
뒤판(겉)
뒤쪽 목둘레선용 바이어스테이프(안)
⑦ 뒤쪽 목둘레선용 바이어스테이프를 겹쳐서 박는다
앞판(안)
목둘레용 면테이프(겉)
뒤판(안)
0.2 0.9
뒤쪽 목둘레선용 바이어스테이프(겉)
⑧ 뒤쪽 목둘레선용 바이어스테이프를 몸단 쪽으로 넘겨서 박는다
⑨ 겉쪽에서 앞판의 목둘레를 박는다
0.2
앞판(겉)
뒤판(겉)

**❺ 소매를 단다**

**❻ 소매 아래 선부터 옆선까지 이어 박는다**

**❼ 소맷부리의 시접을 처리한다**

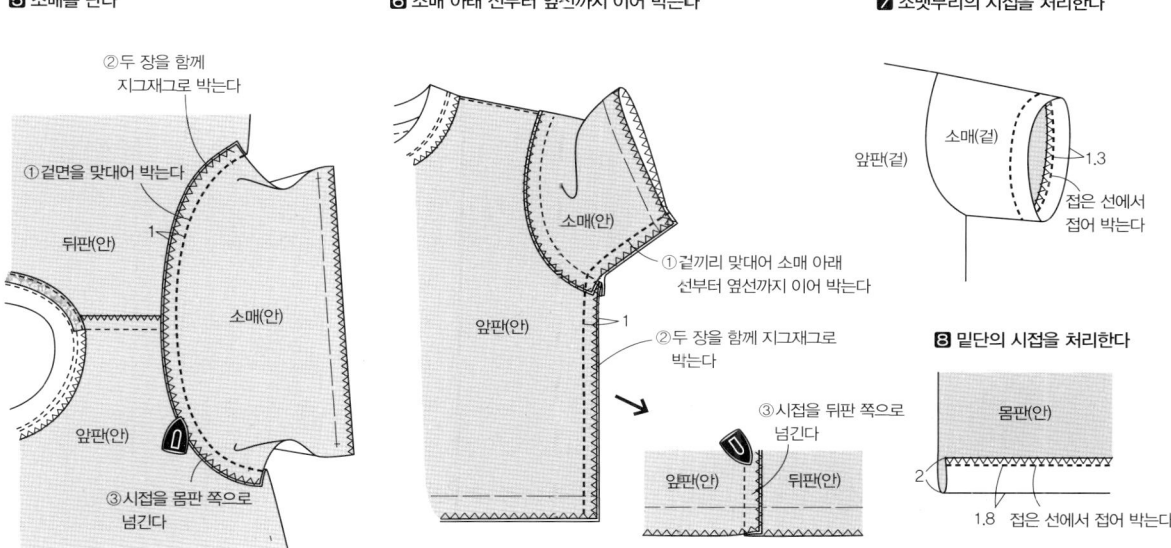

② 두 장을 함께 지그재그로 박는다
① 겉면을 맞대어 박는다
뒤판(안)
1
소매(안)
앞판(안)
③ 시접을 몸판 쪽으로 넘긴다

① 겉끼리 맞대어 소매 아래 선부터 옆선까지 이어 박는다
소매(안)
앞판(안)
1
② 두 장을 함께 지그재그로 박는다
③ 시접을 뒤판 쪽으로 넘긴다
앞판(안)
뒤판(안)

앞판(겉)
소매(겉)
1.3
접은 선에서 접어 박는다

**❽ 밑단의 시접을 처리한다**
몸판(안)
2
1.8
접은 선에서 접어 박는다

# 가오리 소매 반팔 니트 셔츠    photo P.16

**완성 사이즈**(왼쪽부터 100〜150사이즈)
가슴둘레 85 / 89 / 93 / 97 / 101 / 105cm
길이     32 / 34.5 / 38.5 / 42.5 / 46 / 49cm

**재료**(왼쪽부터 100〜150사이즈)
• 양면 다이마루 스트라이프 단가라
   폭 155cm×50 / 50 / 55 / 60 / 60 / 65cm
• 폭 1cm 늘임 방지 테이프  80 / 80 / 90 / 90 / 90 / 90 / 100cm

실물 크기 패턴 3면【8】
1 – 앞판, 2 – 뒤판

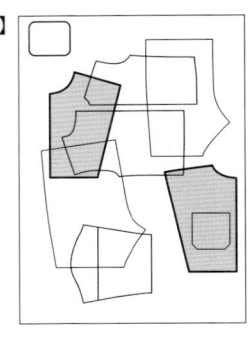

**재단 배치도**

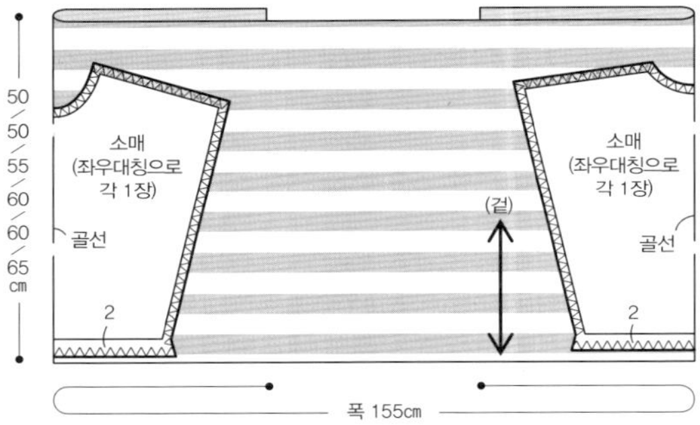

50
50
55
60
60
65
cm

폭 155cm

소매
(좌우대칭으로
각 1장)

골선

2

소매
(좌우대칭으로
각 1장)

골선

2

(겉)

※ 치수는 위부터 100사이즈〜
※ 정해진 것을 제외한 시접은 1cm
※ 부분에는 늘임 방지 테이프를 붙인다.
※ wwww는 시접을 지그재그로 박아서 처리한다.

**바느질 순서**

**1** 앞판, 뒤판의 밑단을 다림질해서 접는다

**2** 양 어깨선을 박는다

**3** 목둘레의 시접을 처리한다

**5** 소맷부리의 시접을 처리한다

**4** 옆선을 박는다

**6** 트임을 박고 밑단의
시접을 처리한다

**1** 앞판, 뒤판의 밑단을 다림질해서 접는다

늘임 방지 테이프

늘임 방지 테이프

앞판(안)

뒤판(안)

2

2

반으로
접는다

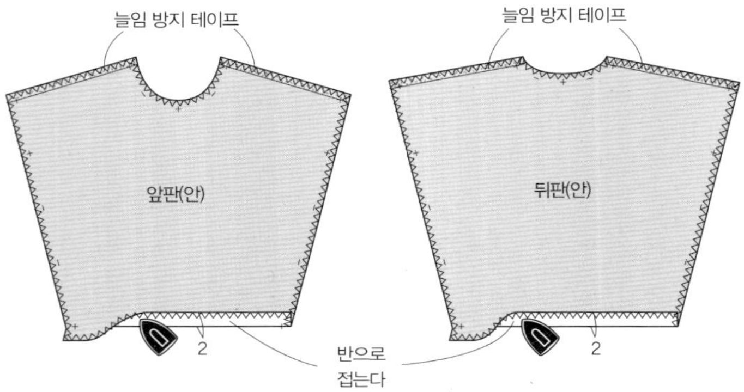

**2** 양 어깨선을 박는다

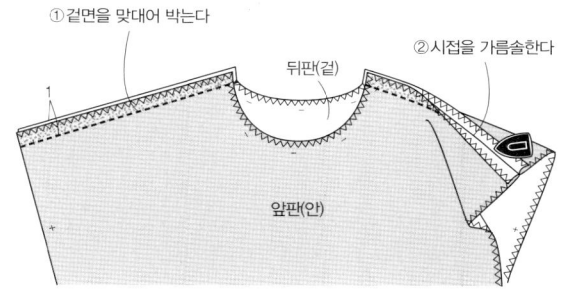

① 겉면을 맞대어 박는다
② 시접을 가름솔한다
뒤판(겉)
1
앞판(안)

**3** 목둘레의 시접을 처리한다

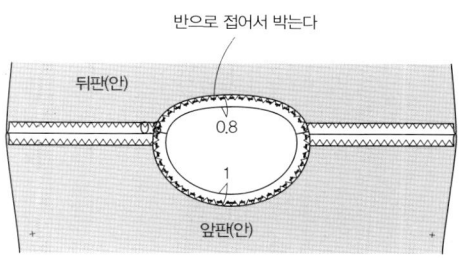

반으로 접어서 박는다
뒤판(안)
0.8
1
앞판(안)

**4** 옆선을 박는다

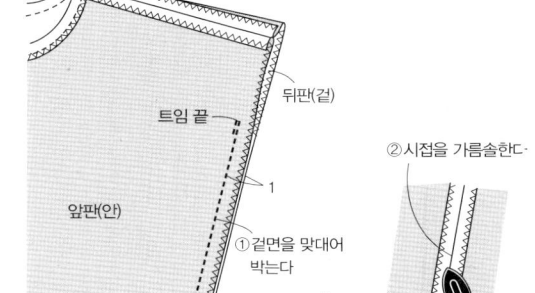

뒤판(겉)
트임 끝
앞판(안)
트임 끝
1
① 겉면을 맞대어 박는다
② 시접을 가름솔한다

**5** 소맷부리의 시접을 처리한다

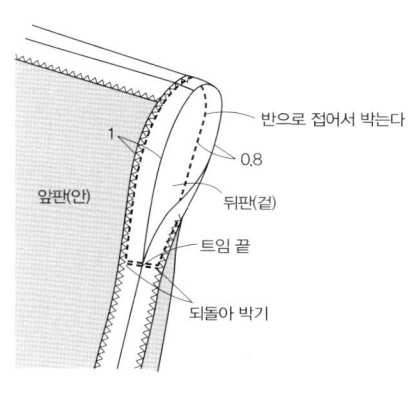

반으로 접어서 박는다
1
0.8
앞판(안)
뒤판(겉)
트임 끝
되돌아 박기

**6** 트임을 박고 밑단의 시접을 처리한다

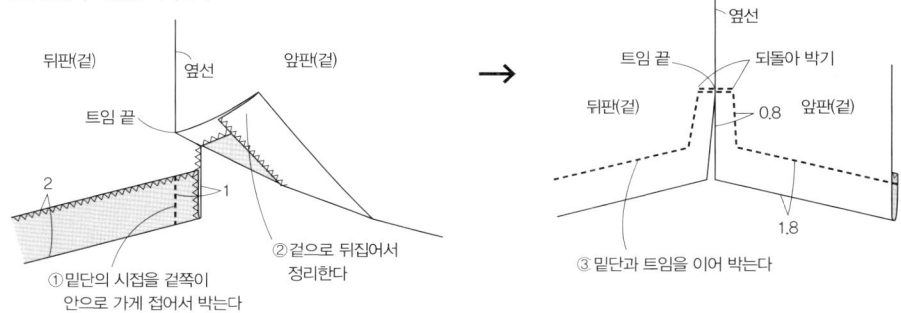

뒤판(겉)
옆선
앞판(겉)
트임 끝
2
1
① 밑단의 시접을 겉쪽이 안으로 가게 접어서 박는다
② 겉으로 뒤집어서 정리한다

옆선
트임 끝
되돌아 박기
뒤판(겉)
앞판(겉)
0.8
1.8
③ 밑단과 트임을 이어 박는다

### 고리 만드는 법

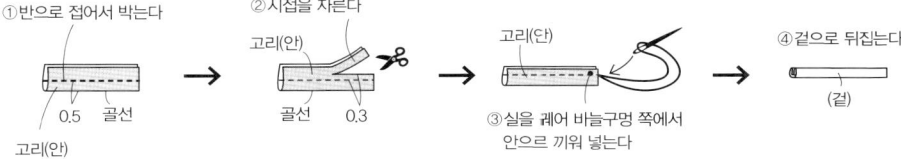

① 반으로 접어서 박는다
0.5
골선
고리(안)

② 시접을 자른다
고리(안)
골선
0.3

고리(안)
③ 실을 꿰어 바늘구멍 쪽에서 안으로 끼워 넣는다

④ 겉으로 뒤집는다
(겉)

## 스탠드업 칼라 셔츠　photo P.18

**완성 사이즈**(왼쪽부터 80~150사이즈)
가슴둘레 62.5 / 66.5 / 70.5 / 74.5 / 78.5 / 82.5 / 86.5 / 91.5cm
길이 33.5 / 35.5 / 38.5 / 41.5 / 44.5 / 46 / 48 / 52cm

**재료**(왼쪽부터 80~150사이즈)
〈반소매〉
• 워싱 면평직
　폭　　110cm×70 / 70 / 80 / 90 / 100 / 110 / 110 / 130cm
• 접착심지 50×50cm
• 지름　1.2cm 단추6 / 6 / 6 / 6 / 7 / 7 / 7 / 7개

〈긴소매〉
• 우미노브로드(소이라테)
　폭　　110cm×80 / 80 / 90 / 100 / 100 / 110 / 110 / 140cm
• 접착심지 50×50cm
• 지름　1.2cm 단추8 / 8 / 8 / 8 / 9 / 9 / 9 / 9개

• 우미노브로드(화이트)
　폭　　80 / 80 / 80 / 80 / 80 / 90 / 90 / 90 / 90×30cm

실물 크기 패턴 2면【5】
1 - 앞판,　2 - 뒤 요크,
3 - 뒤판,　4 - 소매,
5 - 커프스, 6 - 호주머니,
7 - 칼라

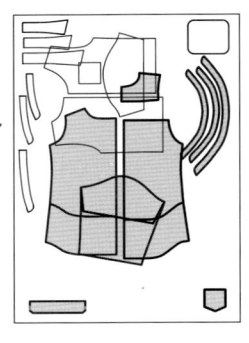

### 재단 배치도

〈반소매〉워싱 면평직
〈긴소매〉우미노브로드(소이라테)

7　고리(1장)
칼라(2장)
호주머니(1장)
소매(2장)
※ 반소매는 소맷부리에 시접 3cm를 줘서 마름질한다
요크(2장)
뒤판(1장)
골선
(겉)
앞판(2장)
(겉)

긴소매 반소매
80 / 70
80 / 70
90 / 80
100 / 90
100 / 100
110 / 110
110 / 110
140 / 130
cm　cm

폭 110cm

소맷부리용 바이어스테이프(2장)
※ 긴소매만 13 / 13 / 15 / 15 / 15 / 17 / 17 / 17
※ 안 칼라 부분에만 접착심지를 붙인다
※ 긴소매의 칼라는 다른 옷감으로 만든다

〈긴소매〉
우미노브로드(화이트)

2.5
칼라(2장)
※ 안 칼라 부분에만 접착심지를 붙인다

커프스(4장)
※ 안쪽 커프스 부분에만 접착심지를 붙인다

30cm
0
80~120 80cm
130~150 90cm

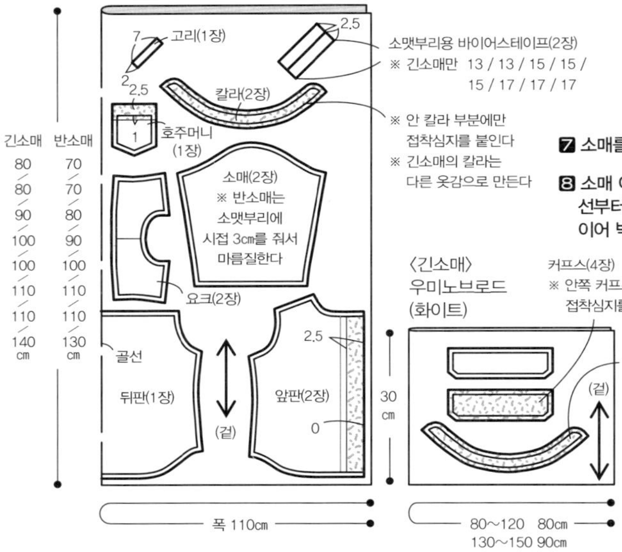

※ 치수는 위부터 80사이즈~
※ 커프스와 소맷부리용 바이어스테이프는 긴소매만
※ 정해진 시접을 제외한 시접은 1cm
※ ▨ 부분에는 접착심지를 붙인다.
※ 고리, 소맷부리용 바이어스테이프는 옷감에 직접 선을 그어서 마름질한다.

### 바느질 순서

**1** 각 부분을 다림질해서 접는다

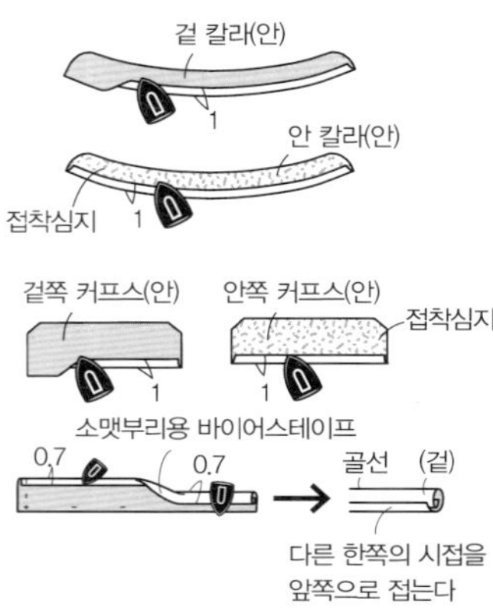

〈반소매〉뒤

**5** 요크를 박는다
**4** 턱을 접고 고리를 임시로 고정한다
**7** 소매를 단다
**12** (반소매) 소맷부리의 시접을 처리한다
**8** 소매 아래 선부터 옆선까지 이어 박는다

**10** 칼라를 만든다
**11** 칼라를 단다

**3** 단추집덧단을 박는다
**2** 호주머니를 만들어 단다
**6** 소맷부리의 트임을 박는다
**12** (긴소매) 커프스를 만들어 단다
〈긴소매〉앞
**13** 단춧구멍을 만들고 단추를 단다
**9** 밑단의 시접을 처리한다

### 1 각 부분을 다림질해서 접는다

겉 칼라(안)
안 칼라(안)
접착심지
겉쪽 커프스(안)
안쪽 커프스(안)
접착심지
소맷부리용 바이어스테이프
0.7
0.7
골선 (겉)
다른 한쪽의 시접을 앞쪽으로 접는다

### 2 호주머니를 만들어 단다　※ 바느질 방법은 52쪽 2 참조
### 3 단추집덧단을 박는다　※ 오른쪽 앞판을 위로 오게 할 경우에는 좌우를 반대로 한다

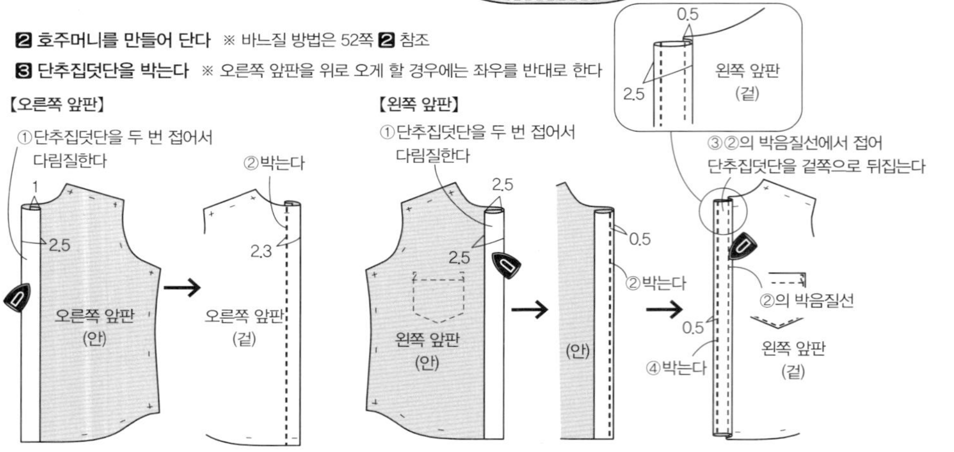

【오른쪽 앞판】
①단추집덧단을 두 번 접어서 다림질한다
②박는다
오른쪽 앞판(안)
오른쪽 앞판(겉)
2.5
2.3

【왼쪽 앞판】
①단추집덧단을 두 번 접어서 다림질한다
2.5
②박는다
왼쪽 앞판(안)
(안)
④박는다
0.5
0.5

0.5
왼쪽 앞판(겉)
2.5
③②의 박음질선에서 접어 단추집덧단을 겉쪽으로 뒤집는다
②의 박음질선
왼쪽 앞판(겉)
0.5

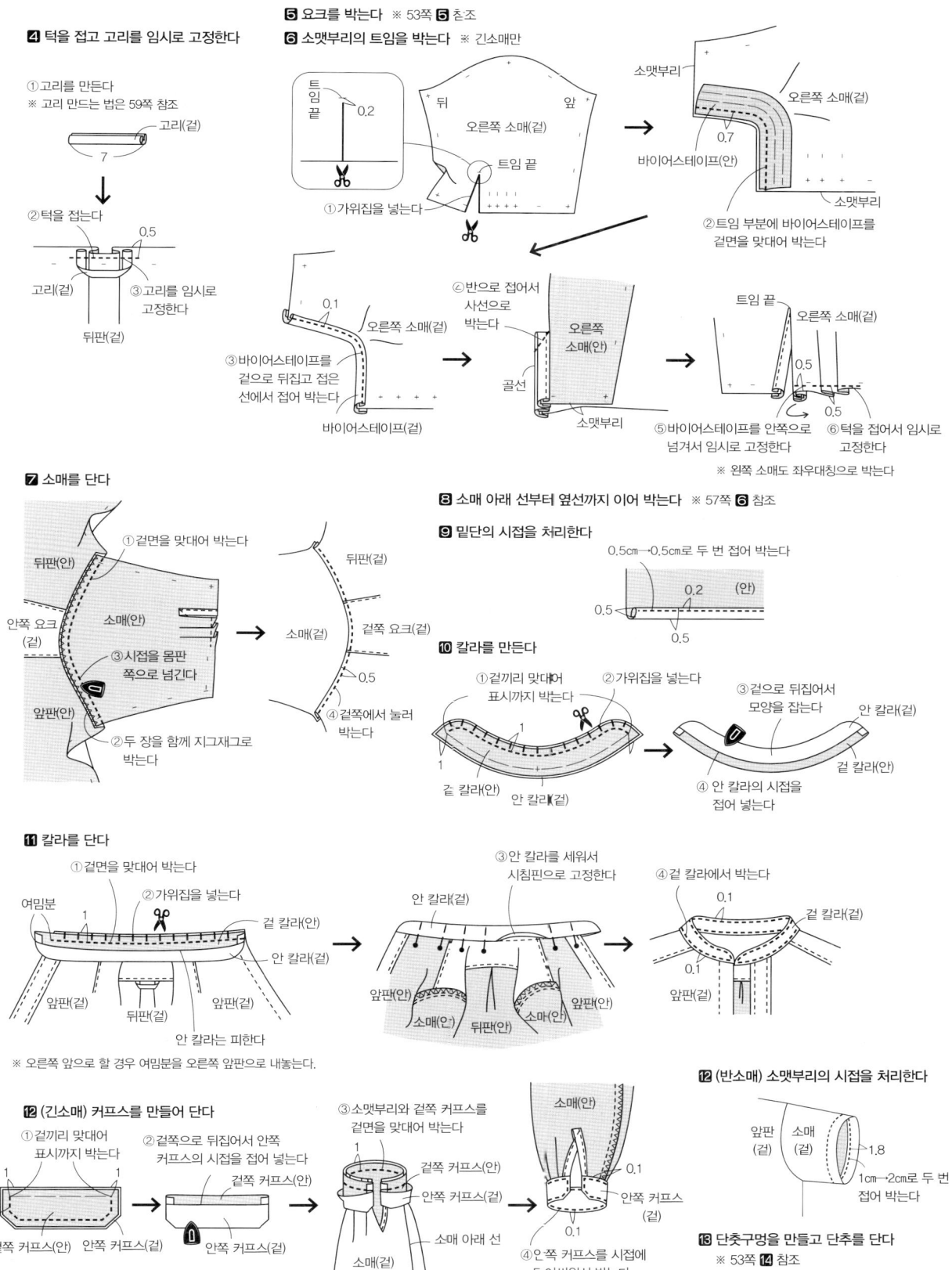

**4 턱을 접고 고리를 임시로 고정한다**

① 고리를 만든다
※ 고리 만드는 법은 59쪽 참조

고리(겉)
7

② 턱을 접는다
0.5
고리(겉)
뒤판(겉)
③ 고리를 임시로 고정한다

**5 요크를 박는다** ※ 53쪽 5 참조

**6 소맷부리의 트임을 박는다** ※ 긴소매만

트임 끝
0.2
뒤 앞
오른쪽 소매(겉)
트임 끝
① 가위집을 넣는다

소맷부리
오른쪽 소매(겉)
0.7
바이어스테이프(안)
소맷부리
② 트임 부분에 바이어스테이프를 겉면을 맞대어 박는다

0.1
오른쪽 소매(겉)
③ 바이어스테이프를 겉으로 뒤집고 접은 선에서 접어 박는다
바이어스테이프(겉)

④ 반으로 접어서 사선으로 박는다
오른쪽 소매(안)
골선
소맷부리
⑤ 바이어스테이프를 안쪽으로 넘겨서 임시로 고정한다

트임 끝
오른쪽 소매(겉)
0.5
0.5
⑥ 턱을 접어서 임시로 고정한다
※ 왼쪽 소매도 좌우대칭으로 박는다

**7 소매를 단다**

뒤판(안)
① 겉면을 맞대어 박는다
안쪽 요크(겉)
소매(안)
③ 시접을 몸판 쪽으로 넘긴다
앞판(안)
② 두 장을 함께 지그재그로 박는다

뒤판(겉)
소매(겉)
겉쪽 요크(겉)
0.5
④ 겉쪽에서 눌러 박는다

**8 소매 아래 선부터 옆선까지 이어 박는다** ※ 57쪽 6 참조

**9 밑단의 시접을 처리한다**

0.5cm→0.5cm로 두 번 접어 박는다
0.2 (안)
0.5
0.5

**10 칼라를 만든다**

① 겉끼리 맞대어 표시까지 박는다
② 가위집을 넣는다
1
1
겉 칼라(안)
안 칼라(겉)

③ 겉으로 뒤집어서 모양을 잡는다
안 칼라(겉)
겉 칼라(안)
④ 안 칼라의 시접을 접어 넣는다

**11 칼라를 단다**

① 겉면을 맞대어 박는다
② 가위집을 넣는다
여밈분
1
겉 칼라(안)
안 칼라(겉)
앞판(겉)
뒤판(겉)
앞판(겉)
안 칼라는 피한다
※ 오른쪽 앞으로 할 경우 여밈분을 오른쪽 앞판으로 내놓는다.

③ 안 칼라를 세워서 시침핀으로 고정한다
안 칼라(겉)
앞판(안)
소매(안) 뒤판(안) 소매(안)
앞판(안)

④ 겉 칼라에서 박는다
0.1
겉 칼라(겉)
0.1
앞판(겉)

**12 (긴소매) 커프스를 만들어 단다**

① 겉끼리 맞대어 표시까지 박는다
1
1
1
1
겉쪽 커프스(안) 안쪽 커프스(겉)

② 겉쪽으로 뒤집어서 안쪽 커프스의 시접을 접어 넣는다
겉쪽 커프스(안)
안쪽 커프스(겉)

③ 소맷부리와 겉쪽 커프스를 겉면을 맞대어 박는다
소매(안)
1
겉쪽 커프스(안)
안쪽 커프스(겉)
소매 아래 선
소매(겉)

0.1
안쪽 커프스(겉)
0.1
④ 안쪽 커프스를 시접에 덮어씌워서 박는다

**12 (반소매) 소맷부리의 시접을 처리한다**

앞판(겉)
소매(겉)
1.8
1cm→2cm로 두 번 접어 박는다

**13 단춧구멍을 만들고 단추를 단다**
※ 53쪽 14 참조

## 보트넥 블라우스　photo P.20

**완성 사이즈**(왼쪽부터 100∼150사이즈)
가슴둘레 68 / 72 / 76 / 80 / 84 / 89cm
길이 35.5 / 37.5 / 39 / 41 / 43 / 45cm

**재료**(왼쪽부터 100∼150사이즈)
- 워싱 면평직
  폭 110cm×95 / 100 / 105 / 110 / 115 / 120cm
- 목둘레선 바이어스테이프용 별도 옷감 40×40cm
- 접착심지 40×20cm

**실물 크기 패턴 4면【12】**
1 – 앞판, 　　 2 – 앞 안단,
3 – 뒤판, 　　 4 – 뒤 안단,
5 – 소매

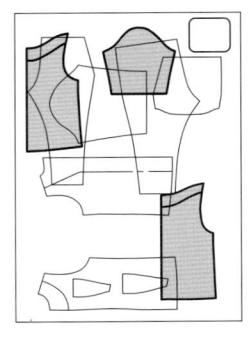

### 재단 배치도

워싱 면평직

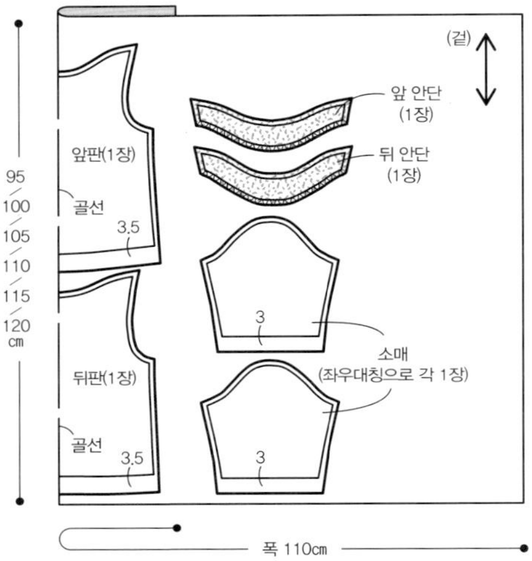

(겉)

앞판(1장)
골선
3.5

앞 안단
(1장)

뒤 안단
(1장)

소매
(좌우대칭으로 각 1장)

95
100
105
110
115
120
cm

3

뒤판(1장)
골선
3.5

3

폭 110cm

### 별도 옷감

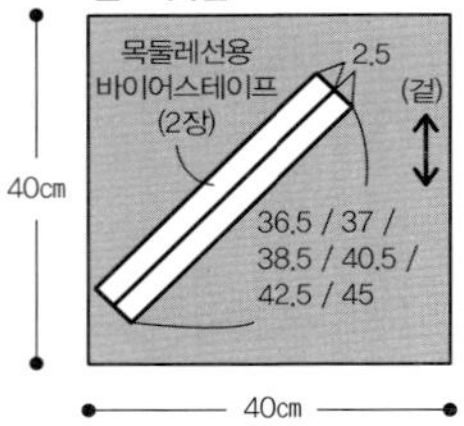

목둘레선용
바이어스테이프
(2장)

2.5
(겉)

40cm

36.5 / 37 /
38.5 / 40.5 /
42.5 / 45

40cm

※ 차수는 위부터 100사이즈∼
※ 정해진 것을 제외한 시접은 1cm
※ ▨▨▨ 부분에는 접착심지를 붙인다
※ wwww는 시접을 지그재그로 박아서 처리한다.
※ 바이어스테이프는 옷감에 직접 선을 그어서 마름질한다.

### 바느질 순서

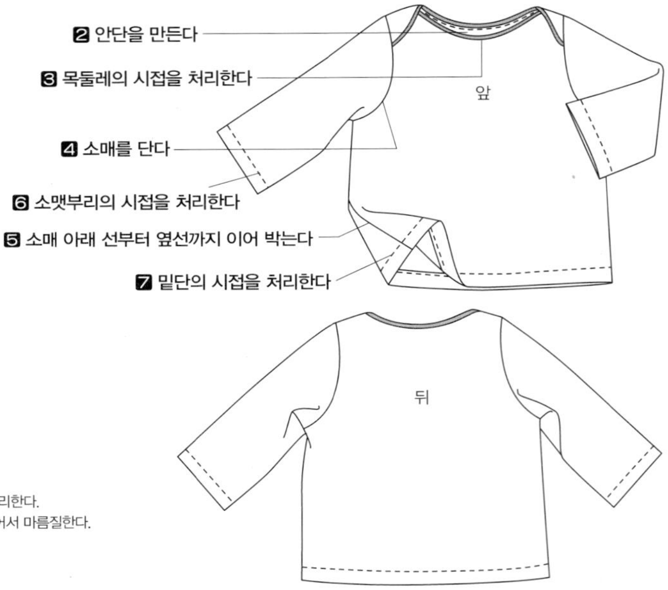

**1** 각 부분을 다림질해서 접는다

**2** 안단을 만든다

**3** 목둘레의 시접을 처리한다

**4** 소매를 단다

**6** 소맷부리의 시접을 처리한다

**5** 소매 아래 선부터 옆선까지 이어 박는다

**7** 밑단의 시접을 처리한다

앞

뒤

**1** 각 부분을 다림질해서 접는다

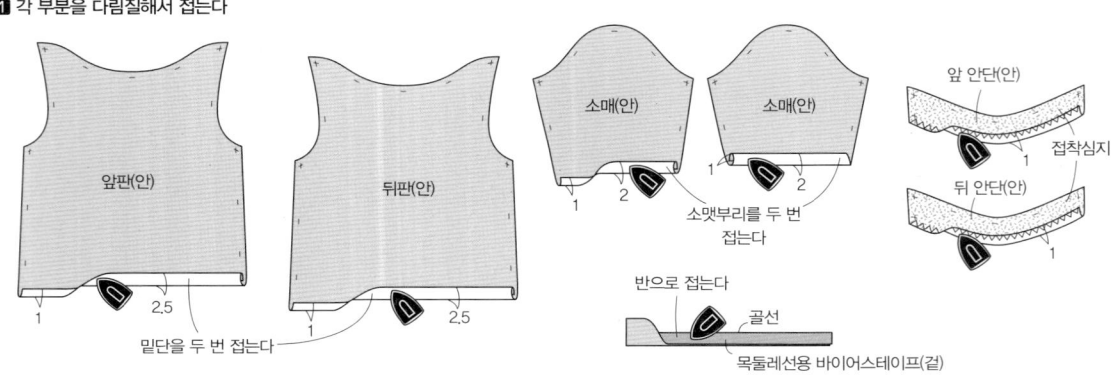

앞판(안)

1
2.5

밑단을 두 번 접는다

뒤판(안)

1
2.5

소매(안)

1
2

소매(안)

1
2

소맷부리를 두 번
접는다

앞 안단(안)
접착심지

뒤 안단(안)
1

반으로 접는다

골선
목둘레선용 바이어스테이프(겉)

**2** 안단을 만든다

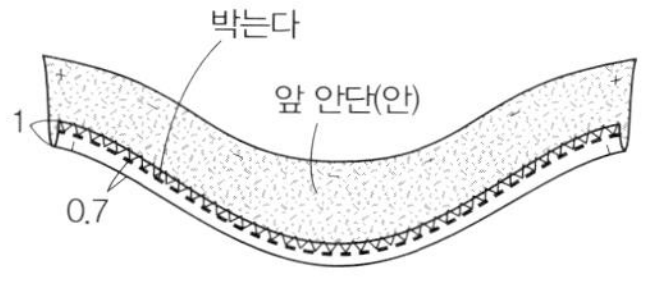

박는다
앞 안단(안)
1
0.7

※ 뒤 안단도 같은 방법으로 박는다

**3** 목둘레의 시접을 처리한다

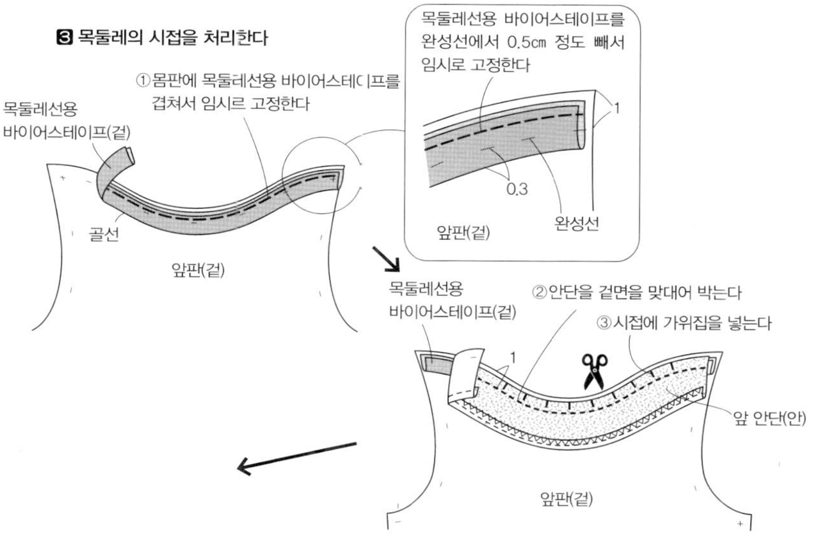

①몸판에 목둘레선용 바이어스테이프를
겹쳐서 임시로 고정한다

목둘레선용
바이어스테이프(겉)

골선

앞판(겉)

목둘레선용 바이어스테이프를
완성선에서 0.5cm 정도 빼서
임시로 고정한다

1
0.3
앞판(겉)    완성선

목둘레선용
바이어스테이프(겉)

②안단을 겉면을 맞대어 박는다
③시접에 가위집을 넣는다

1

앞 안단(안)

앞판(겉)

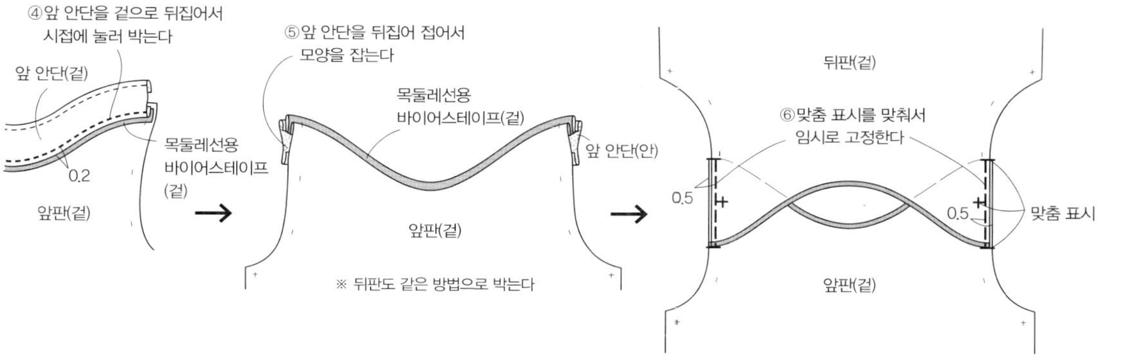

④앞 안단을 겉으로 뒤집어서
시접에 눌러 박는다

앞 안단(겉)

목둘레선용
바이어스테이프
(겉)

0.2

앞판(겉)

⑤앞 안단을 뒤집어 접어서
모양을 잡는다

목둘레선용
바이어스테이프(겉)

앞 안단(안)

앞판(겉)

※ 뒤판도 같은 방법으로 박는다

뒤판(겉)

⑥맞춤 표시를 맞춰서
임시로 고정한다

0.5        0.5    맞춤 표시

앞판(겉)

**4** 소매를 단다
※ 소매 다는 법은 57쪽 **5** ①② 참조

**5** 소매 아래 선부터 옆선까지 이어 박는다

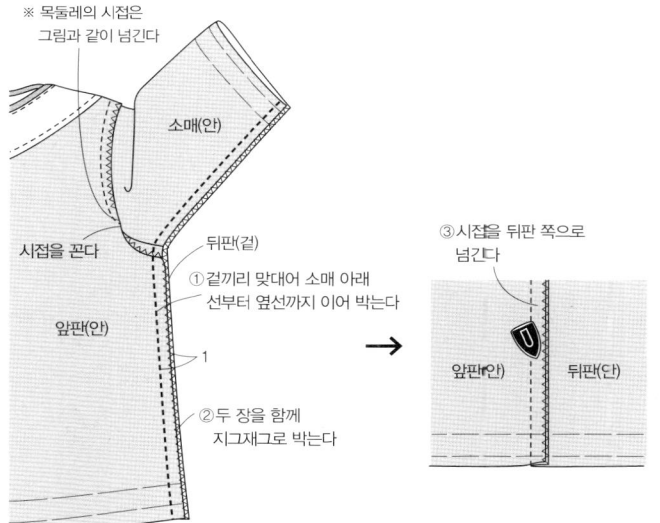

※ 목둘레의 시접은
그림과 같이 넘긴다

소매(안)

시접을 꼰다

뒤판(겉)

①겉끼리 맞대어 소매 아래
선부터 옆선까지 이어 박는다

앞판(안)

1

②두 장을 함께
지그재그로 박는다

③시접을 뒤판 쪽으로
넘긴다

앞판(안)    뒤판(단)

**6** 소맷부리의 시접을 처리한다

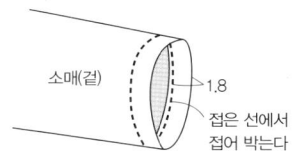

소매(겉)
1.8
접은 선에서
접어 박는다

**7** 밑단의 시접을 처리한다

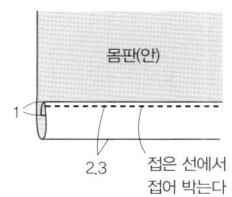

몸판(안)

1

2.3    접은 선에서
접어 박는다

## 타이 팬츠 photo P.24

**완성 사이즈**(왼쪽부터 100~150사이즈)
바지 길이  48.5 / 55 / 61 / 66 / 72 / 79cm

**재료**(왼쪽부터 100~150사이즈)
〈주름〉
• 워싱 고밀도 면평직 / 워싱 가공 리넨(워싱 면)
  폭 110cm×120 / 140 / 150 / 160 / 170 / 180cm
• 폭 2cm 고무줄 40~60cm(허리둘레에 맞춰서 조절한다)
〈턱〉
• 워싱 선염 면평직 스트라이프
  폭 110cm×120 / 140 / 150 / 160 / 170 / 180cm
• 폭 2cm 고무줄 40~60cm(허리둘레에 맞춰서 조절한다)
• 지름 2cm 단추 2개

실물 크기 패턴 6면【16】
1 - 바지 앞판,
2 - 바지 뒤판

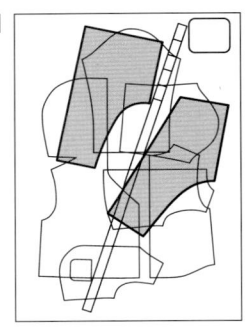

**재단 배치도**

64 / 68 / 72 / 76 / 80 / 84
5
벨트
(1장)
골선
바지 앞판
(1장)
2
120
140
150
160
170
180
cm
〈겉〉
골선
바지 뒤판
(1장)
2
← 폭 110cm →

※ 치수는 위부터 100사이즈~
※ 정해진 것을 제외한 시접은 1cm
※ 벨트는 옷감에 직접 선을 그어서 마름질한다.

**바느질 순서**

**1** 벨트를 다림질해서 접는다

**6** 벨트를 만들어 단다
**7** 고무줄을 끼워 넣는다

〈주름〉                    뒤
앞

**3** 옆선을 박는다

**2** 바지 앞판에 주름을 잡는다

**4** 가랑이선을 박는다

**5** 밑단의 시접을 처리한다

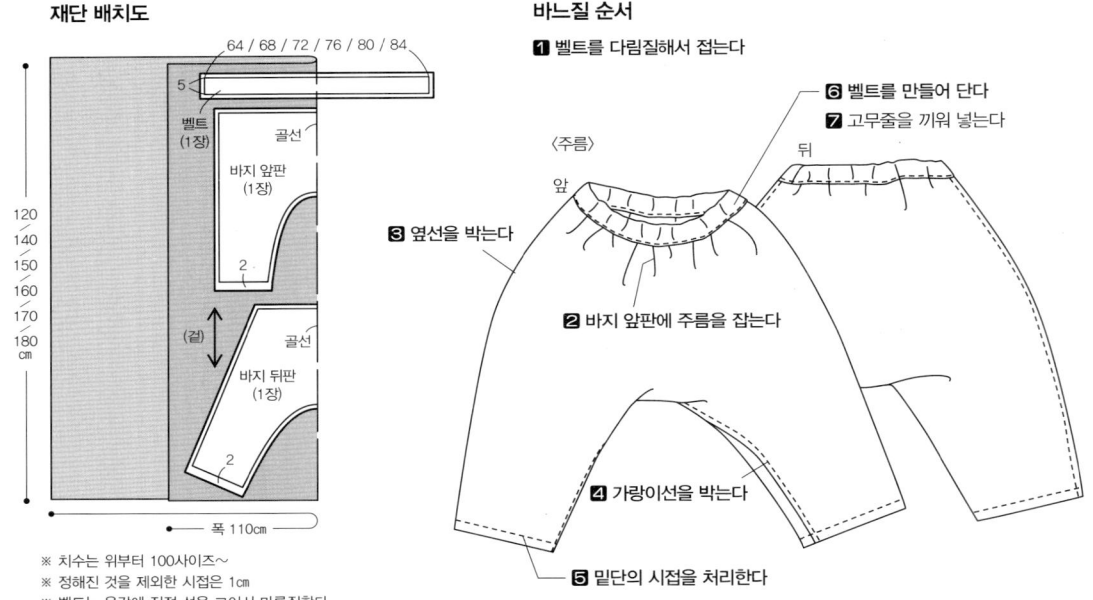

**2** 바지 앞판의 턱을 접는다

〈턱〉
앞판                    뒤판

**8** 단추를 단다

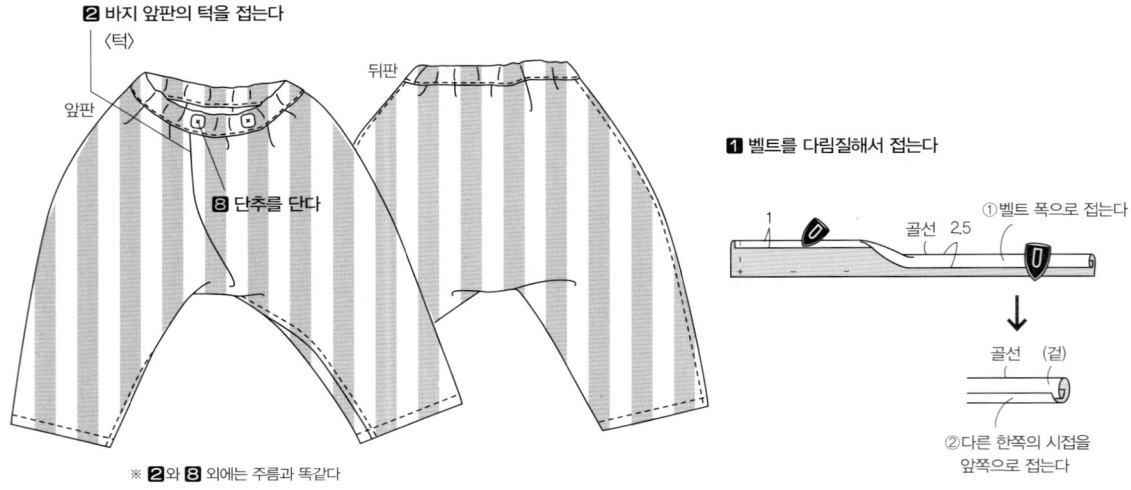

※ **2**와 **8** 외에는 주름과 똑같다

**1** 벨트를 다림질해서 접는다

1
골선  2.5
①벨트 폭으로 접는다

골선  (겉)

②다른 한쪽의 시접을
앞쪽으로 접는다

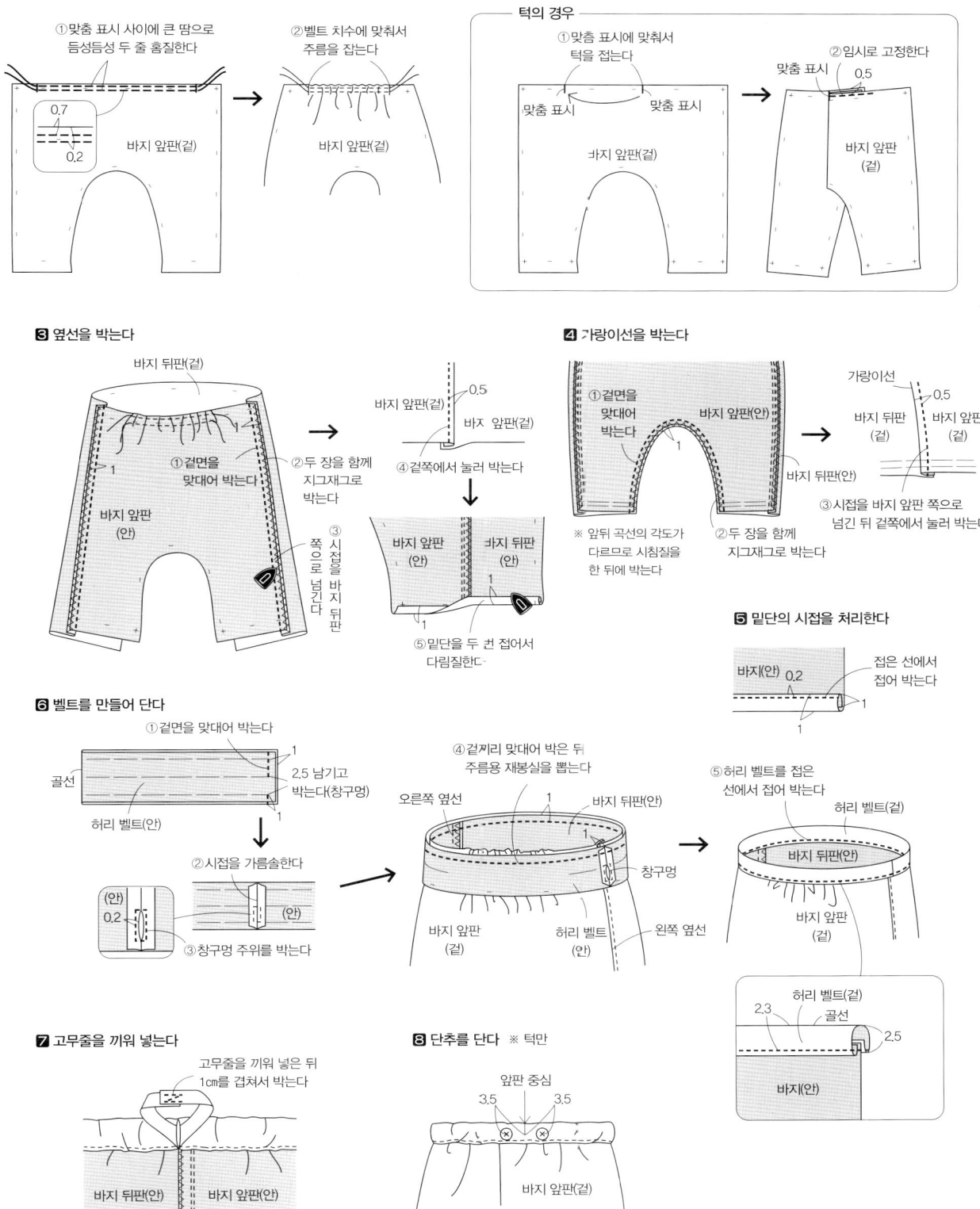

**2** 바지 앞판에 주름을 잡는다

①맞춤 표시 사이에 큰 땀으로
등성등성 두 줄 홈질한다

0.7
0.2

바지 앞판(겉)

②벨트 치수에 맞춰서
주름을 잡는다

바지 앞판(겉)

**턱의 경우**

①맞춤 표시에 맞춰서
턱을 접는다

맞춤 표시        맞춤 표시

바지 앞판(겉)

②임시로 고정한다

맞춤 표시        0.5

바지 앞판
(겉)

**3** 옆선을 박는다

바지 뒤판(겉)

바지 앞판
(안)

①겉면을
맞대어 박는다

②두 장을 함께
지그재그로
박는다

③시접을 바지 뒤판
쪽으로 넘긴다

바지 앞판(겉)        0.5
바지 앞판(겉)

④겉쪽에서 눌러 박는다

바지 앞판
(안)        바지 뒤판
(안)

1

⑤밑단을 두 컨 접어서
다림질한다

**4** 가랑이선을 박는다

①겉면을
맞대어
박는다        바지 앞판(안)

바지 뒤판(안)

②두 장을 함께
지그재그로
박는다

※ 앞뒤 곡선의 각도가
다르므로 시침질을
한 뒤에 박는다

가랑이선
0.5
바지 뒤판
(겉)        바지 앞판
(겉)

③시접을 바지 앞판 쪽으로
넘긴 뒤 겉쪽에서 눌러 박는다

**5** 밑단의 시접을 처리한다

바지(안)  0.2

접은 선에서
접어 박는다

1

1

**6** 벨트를 만들어 단다

①겉면을 맞대어 박는다

골선

허리 벨트(안)

1

2.5 남기고
박는다(창구멍)

1

②시접을 가름솔한다

(안)
0.2        (안)

③창구멍 주위를 박는다

④겉끼리 맞대어 박은 뒤
주름용 재봉실을 뽑는다

오른쪽 옆선        1        바지 뒤판(안)

1

창구멍

바지 앞판
(겉)        허리 벨트
(안)        왼쪽 옆선

⑤허리 벨트를 접은
선에서 접어 박는다

허리 벨트(겉)

바지 뒤판(안)

바지 앞판
(겉)

허리 벨트(겉)
2.3        골선
2.5

바지(안)

**7** 고무줄을 끼워 넣는다

고무줄을 끼워 넣은 뒤
1cm를 겹쳐서 박는다

바지 뒤판(안)        바지 앞판(안)

**8** 단추를 단다 ※ 턱만

앞판 중심
3.5        3.5

바지 앞판(겉)

## 배럴 팬츠  photo P.26

**완성 사이즈**(왼쪽부터 100~150사이즈)
바지 길이   40 / 44 / 48 / 52 / 56 / 62cm

**재료**(왼쪽부터 100~150사이즈)
• 자연건조한 면마(생지, 검은색)
  폭 112cm×110 / 120 / 130 / 140 / 140 / 150cm
• 접착심지 20×20cm
• 폭 2cm 고무줄 50~60cm(허리둘레에 맞춰서 조절한다)

실물 크기 패턴 3면【9】
1 - 바지 앞판,  2 - 바지 뒤판,
3 - 호주머니

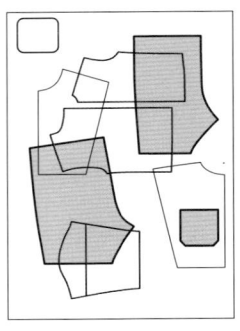

### 재단 배치도

3,5

바지 뒤판
(2장)

(겉)

골선

110
120
130
140
140
150
cm

2,5

3,5

호주머니
(2장)

3

1

바지 앞판
(2장)

접착심지는
겉쪽에 붙인다

2,5

폭 112cm

※ 치수는 위부터 100사이즈~
※ 정해진 것을 제외한 시접은 1cm
※ 부분에는 접착심지를 붙인다.

### 바느질 순서

**1** 각 부분을 다림질해서 접는다

**4** 밑위 부분을 박고 고무줄을
끼워 넣을 창구멍을 만든다

**2** 옆선을 박는다

**3** 호주머니를 만들어 단다

**7** 허리의 시접을 처리한다

**8** 고무줄을 끼워 넣는다

**9** 단추를 단다

앞

**5** 가랑이선을 박는다

**6** 밑단의 시접을 처리한다

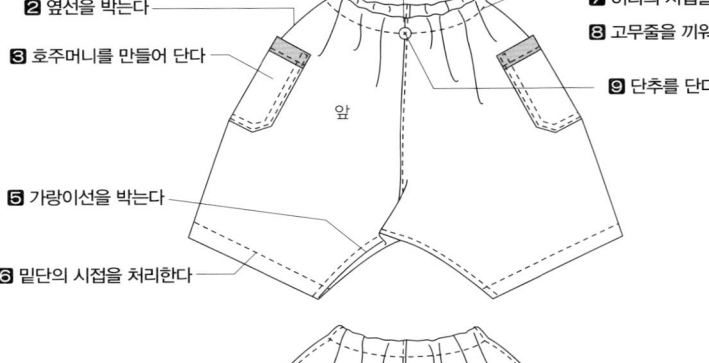

뒤

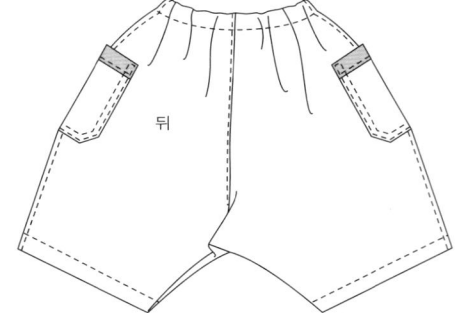

**1** 각 부분을 다림질해서 접는다

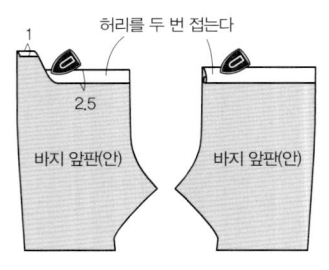

허리를 두 번 접는다

2,5

허리를 두 번 접는다

2,5

바지 앞판(안)

바지 앞판(안)

바지 뒤판(안)

바지 뒤판(안)

호주머니 입구를 겉으로 두 번 접는다

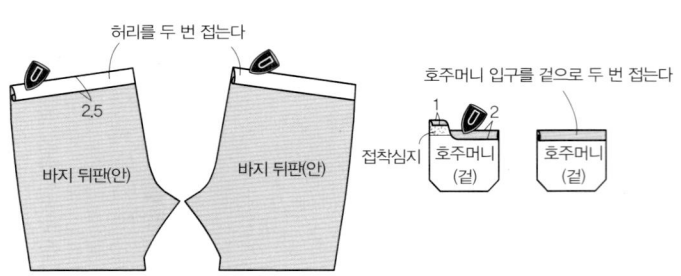

접착심지

1

호주머니
(겉)

2

호주머니
(겉)

**2** 옆선을 박는다 ※ 바느질 방법은 65쪽 **3** 참조

**3** 호주머니를 만들어 단다

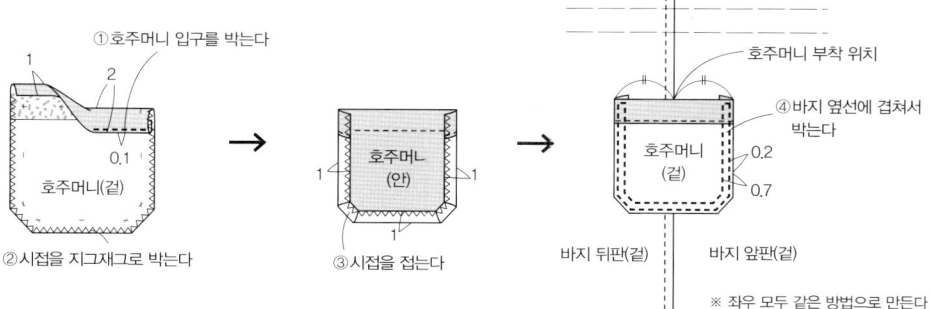

① 호주머니 입구를 박는다

1
2
0.1
호주머니(겉)

② 시접을 지그재그로 박는다

1    호주머니    1
(안)

③ 시접을 접는다

호주머니 부착 위치

④ 바지 옆선에 겹쳐서
박는다

호주머니
(겉)

0.2
0.7

바지 뒤판(겉)    바지 앞판(겉)

※ 좌우 모두 같은 방법으로 만든다

**4** 밑위 부분을 박고 고무줄을 끼워 넣을 창구멍을 만든다

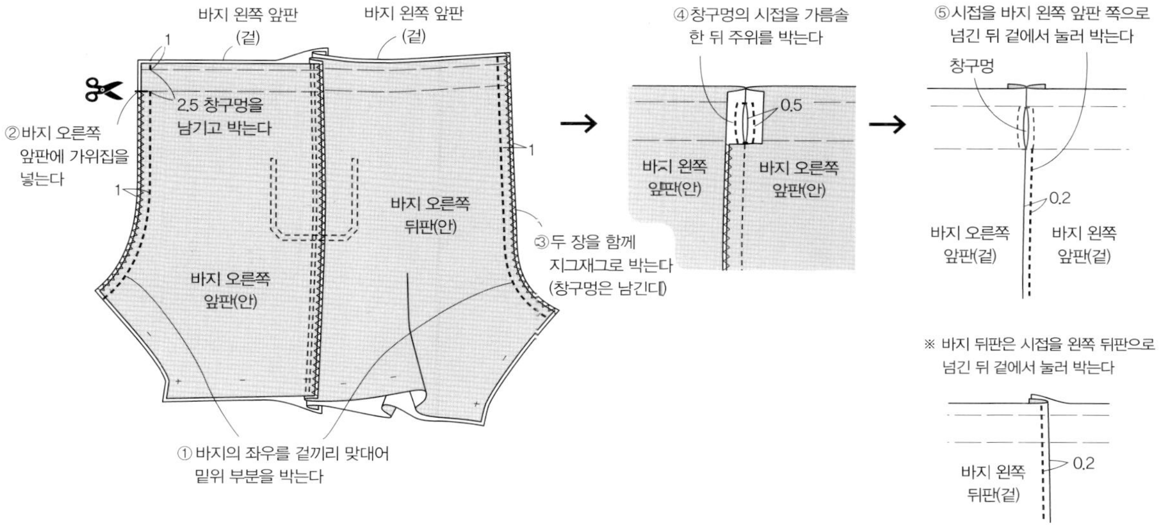

바지 왼쪽 앞판
(겉)

바지 왼쪽 앞판
(겉)

1

2.5 창구멍을
남기고 박는다

② 바지 오른쪽
앞판에 가위집을
넣는다

1

바지 오른쪽
앞판(안)

바지 오른쪽
뒤판(안)

③ 두 장을 함께
지그재그로 박는다
(창구멍은 남긴다)

① 바지의 좌우를 겉끼리 맞대어
밑위 부분을 박는다

④ 창구멍의 시접을 가름솔
한 뒤 주위를 박는다

0.5

바지 왼쪽
앞판(안)    바지 오른쪽
앞판(안)

⑤ 시접을 바지 왼쪽 앞판 쪽으로
넘긴 뒤 겉에서 눌러 박는다

창구멍

0.2

바지 오른쪽
앞판(겉)    바지 왼쪽
앞판(겉)

※ 바지 뒤판은 시접을 왼쪽 뒤판으로
넘긴 뒤 겉에서 눌러 박는다

바지 왼쪽
뒤판(겉)    0.2

**5** 가랑이선을 박는다

바지 앞판(안)

바지 뒤판(겉)

① 겉면을 맞대어 박는다    ② 두 장을 함께
지그재그로 박는다

바지 앞판(겉)

0.5

바지 뒤판(겉)

③ 시접을 바지 앞판 쪽으로 넘긴 뒤 겉에서 눌러 박는다

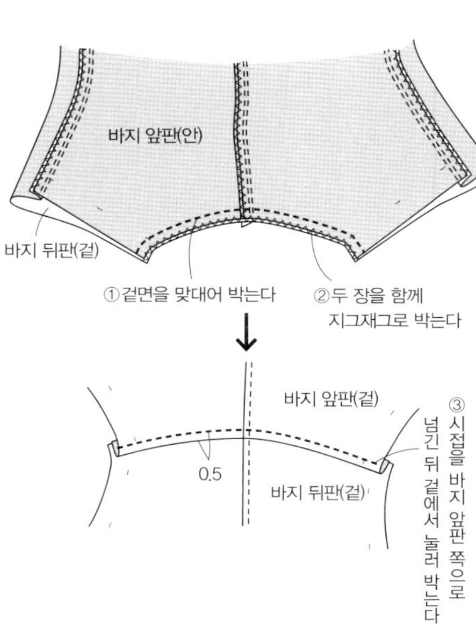

**6** 밑단의 시접을 처리한다

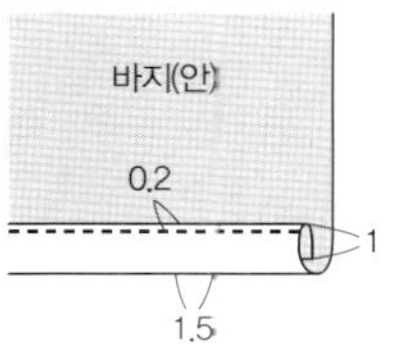

바지(안)

0.2

1

1.5

**7** 허리의 시접을 처리한다

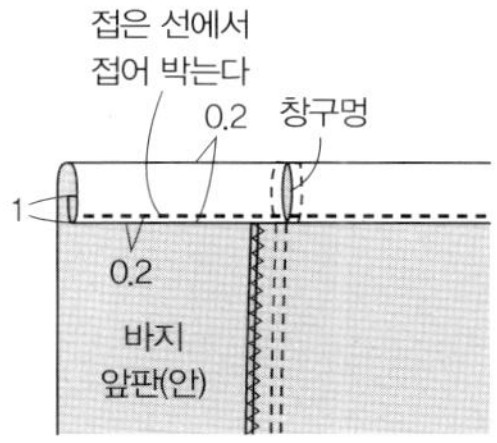

접은 선에서
접어 박는다

0.2    창구멍

1

0.2

바지
앞판(안)

**8** 고무줄을 끼워 넣는다

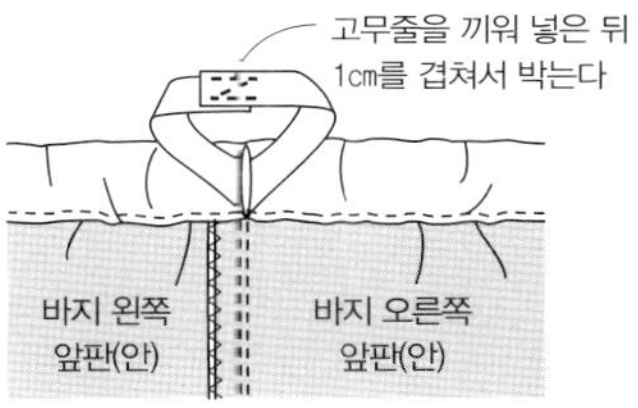

고무줄을 끼워 넣은 뒤
1cm를 겹쳐서 박는다

바지 왼쪽
앞판(안)    바지 오른쪽
앞판(안)

**9** 단추를 단다

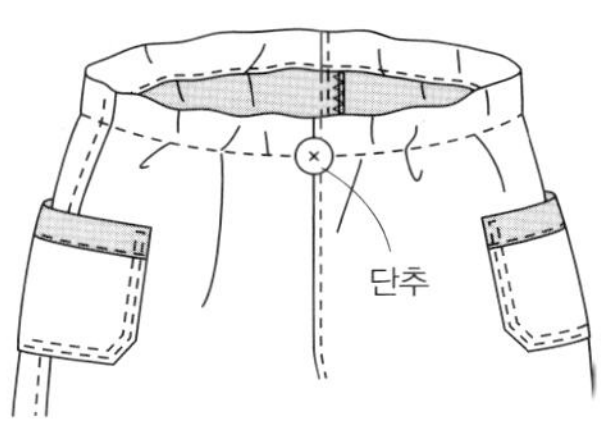

단추

## 헐렁한 사루엘 팬츠　photo P.28

**완성 사이즈**(왼쪽부터 80~150사이즈)
바지 길이　42.5 / 46.5 / 52.5 / 58.5 / 64.5 / 69.5 / 75.5 / 81.5cm

**재료**(왼쪽부터 80~150사이즈)
- 자연건조한 면마(면마 캔버스지)
  폭 112cm×80 / 90 / 100 / 120 / 140 / 150 / 170 / 200cm
- 폭 1cm 늘임 방지 테이프 30 / 30 / 30 / 35 / 35 / 40 / 40cm
- 폭 2cm 고무줄 50~60cm(허리둘레에 맞춰서 조절한다)
- 지름 1.2cm 단추 3개

〈엄마용〉
**완성 사이즈** (왼쪽부터 S~LL사이즈)
바지 길이 85 / 87 / 90 / 91cm

**재료**(왼쪽부터 S~LL사이즈)
- 모시 리넨
  폭 110cm×210 / 220 / 220 / 230cm
- 폭 1cm 늘임 방지 테이프 30cm
- 폭 3cm 고무줄 70cm(허리둘레에 맞춰서 조절한다)

〈아이용〉
실물 크기 패턴 4면【10】
1 – 바지 앞판, 2 – 바지 뒤판,
3 – 호주머니

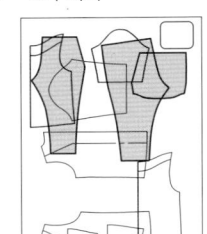

〈엄마용〉
실물 크기 패턴 5면【14】
1 – 바지 앞판, 2 – 바지 뒤판,
3 – 호주머니

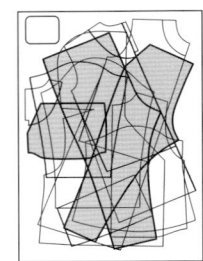

### 재단 배치도

〈엄마용〉

(겉)

호주머니(2장)

바지 앞판
(2장)

골선　2.5

벨트
(1장)

바지 뒤판
(2장)

2.5

210
220
220
230
cm

7

102
106
112
118
cm

2.5

폭 110cm

### 바느질 순서

**1** 벨트를 다림질해서 접는다
**7** 벨트를 만들어 단다
**8** 고무줄을 끼워 넣는다
**2** 호주머니를 만든다
**3** 옆선을 박는다
**4** 가랑이선을 박는다
**5** 밑단의 시접을 처리한다
**6** 밑위 부분을 박는다
**9** 단추를 단다

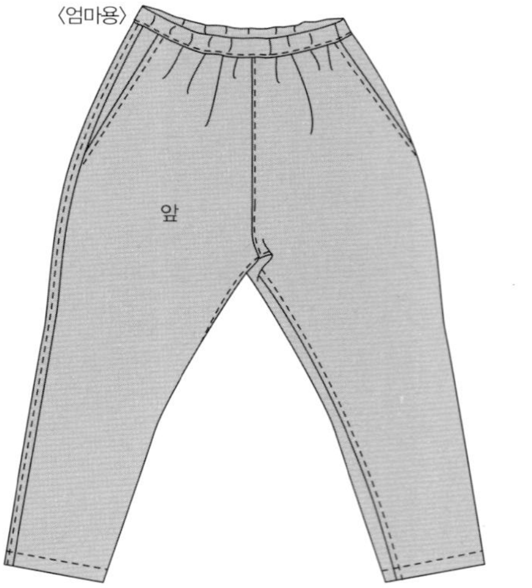

〈아이용〉　뒤

앞

〈엄마용〉

앞

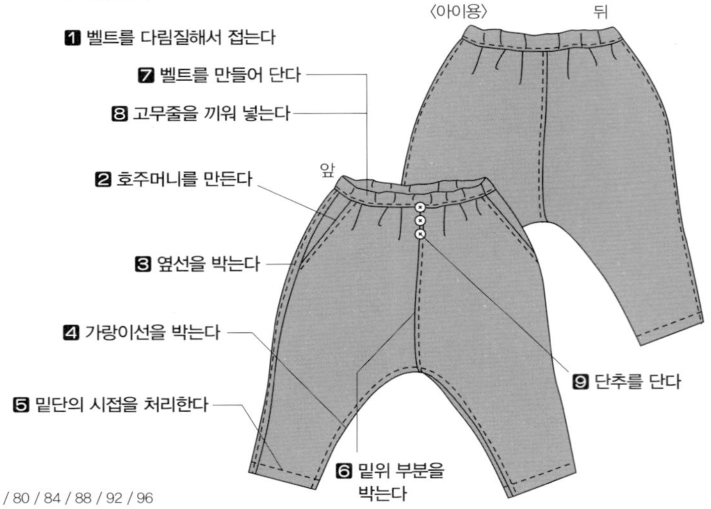

※ 바느질 방법은 아이용과 같다

〈아이용〉

70 / 72 / 75 / 80 / 84 / 88 / 92 / 96

벨트(1장)　5

호주머니
(2장)

골선

바지 뒤판
(2장)

2.5

바지 앞판
(2장)

(겉)　2.5

80 /
90 /
100 /
120 /
140 /
150 /
170 /
200cm

폭 112cm

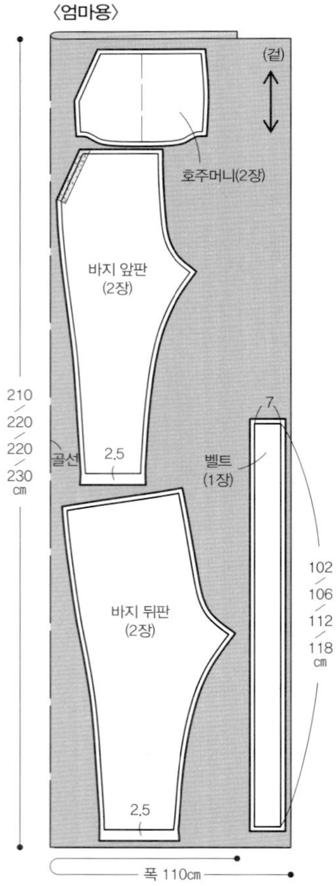

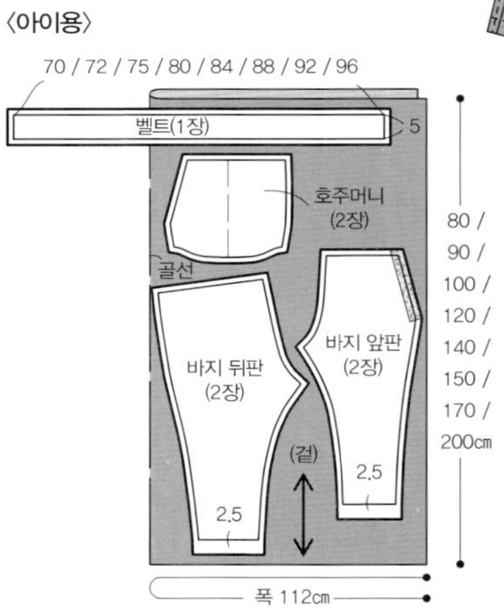

※ 치수는 위(왼쪽)부터 80사이즈~
　엄마용은 위부터 S사이즈~
※ 정해진 것을 제외한 시접은 1cm
※ □□□ 부분에는 접착심지를 붙인다.
※ 벨트는 옷감에 직접 선을 그어서 마름질한다.

## 1 벨트를 다림질해서 접는다

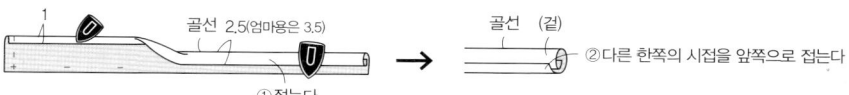

골선 2.5(엄마용은 3.5)
①접는다
골선 (겉)
②다른 한쪽의 시접을 앞쪽으로 접는다

## 2 호주머니를 만든다

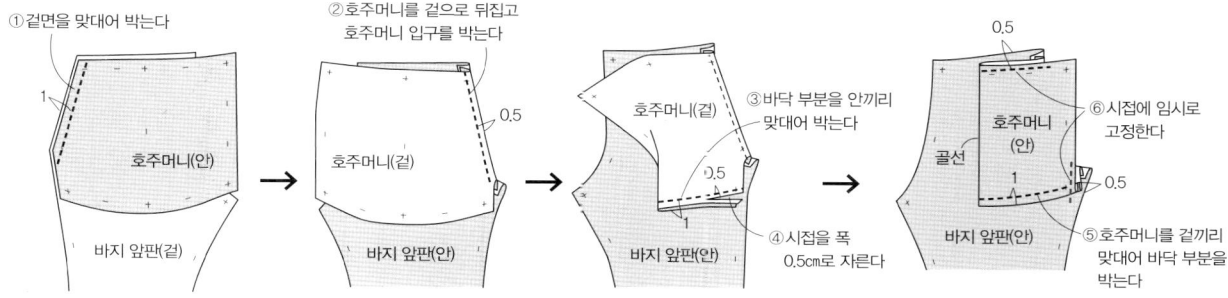

①겉면을 맞대어 박는다
호주머니(안)
바지 앞판(겉)
1

②호주머니를 겉으로 뒤집고 호주머니 입구를 박는다
호주머니(겉)
바지 앞판(안)
0.5

③바닥 부분을 안끼리 맞대어 박는다
호주머니(겉)
0.5
바지 앞판(안)
④시접을 폭 0.5cm로 자른다
1

0.5
호주머니(안)
골선
바지 앞판(안)
1
⑥시접에 임시로 고정한다
0.5
⑤호주머니를 겉끼리 맞대어 바닥 부분을 박는다

## 3 옆선을 박는다

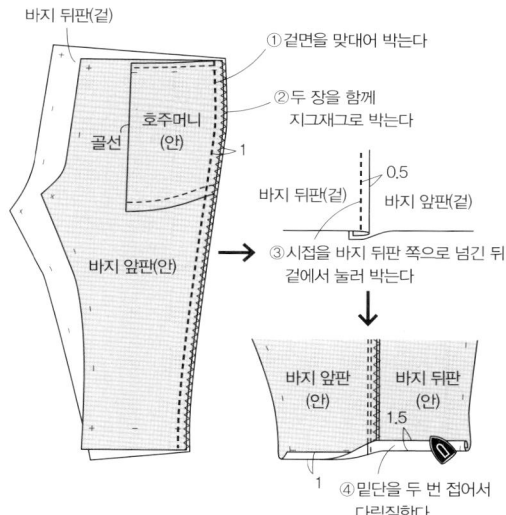

바지 뒤판(겉)
골선
호주머니(안)
바지 앞판(안)
1

①겉면을 맞대어 박는다
②두 장을 함께 지그재그로 박는다
0.5
바지 뒤판(겉)　바지 앞판(겉)
③시접을 바지 뒤판 쪽으로 넘긴 뒤 겉에서 눌러 박는다

바지 앞판(안)　바지 뒤판(안)
1.5
1
④밑단을 두 번 접어서 다림질한다

## 4 가랑이선을 박는다

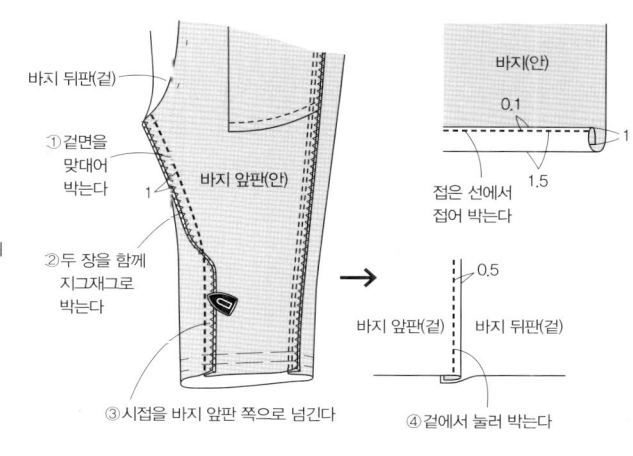

바지 뒤판(겉)
①겉면을 맞대어 박는다
1
바지 앞판(안)
②두 장을 함께 지그재그로 박는다
③시접을 바지 앞판 쪽으로 넘긴다

0.5
바지 앞판(겉)　바지 뒤판(겉)
④겉에서 눌러 박는다

## 5 밑단의 시접을 처리한다

바지(안)
0.1
1
1.5
접은 선에서 접어 박는다

## 6 밑위 부분을 박는다

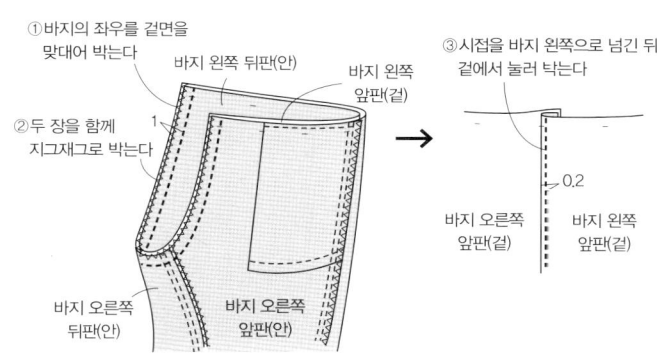

①바지의 좌우를 겉면을 맞대어 박는다
바지 왼쪽 뒤판(안)　바지 왼쪽 앞판(겉)
②두 장을 함께 지그재그로 박는다
1
바지 오른쪽 뒤판(안)　바지 오른쪽 앞판(안)

③시접을 바지 왼쪽으로 넘긴 뒤 겉에서 눌러 박는다
0.2
바지 오른쪽 앞판(겉)　바지 왼쪽 앞판(겉)

## 7 벨트를 만들어 단다

※ 바느질 방법은 65쪽 **6** 참조

## 8 고무줄을 끼워 넣는다

※ 바느질 방법은 65쪽 **7** 참조

## 9 단추를 단다

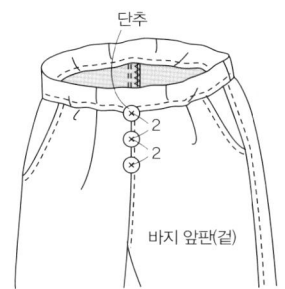

단추
2
2
바지 앞판(겉)

# 크로스 숄더 멜빵바지  photo P.30

**완성 사이즈**(왼쪽부터 80~110사이즈)
바지 길이   69 / 75 / 83 / 91㎝(어깨끈 포함)

**재료**(왼쪽부터 80~110사이즈)
• 면 캔버스지
  폭 110㎝×120 / 130 / 150 / 180㎝
• 접착심지 10×3.5㎝

실물 크기 패턴 1면 【3】
1 – 바지 앞판, 2 – 바지 뒤판,
3 – 호주머니

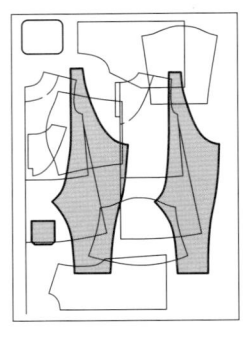

## 재단 배치도

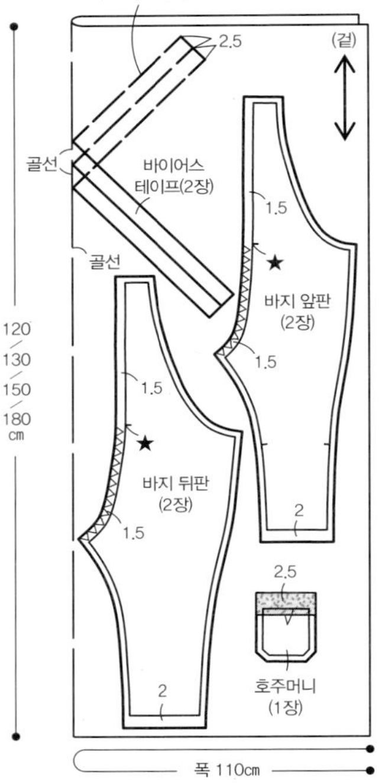

66 / 70 / 74.5 / 79.5

2.5

(겉)

골선

바이어스
테이프(2장)

1.5

골선

바지 앞판
(2장)

1.5

★

1.5

바지 뒤판
(2장)

★

1.5

120
130
150
180
㎝

2

2

2.5

호주머니
(1장)

폭 110㎝

※ 치수는 위(왼쪽)부터 80사이즈~
※ 정해진 것을 제외한 시접은 1㎝
※ ▨ 부분에는 접착심지를 붙인다
※ ⋀⋀⋀는 시접을 지그재그로 박아서 처리한다.
※ 바이어스테이프는 옷감에 직접 선을 그어서 마름질한다.
※ ★ = 트임 끝

## 바느질 순서

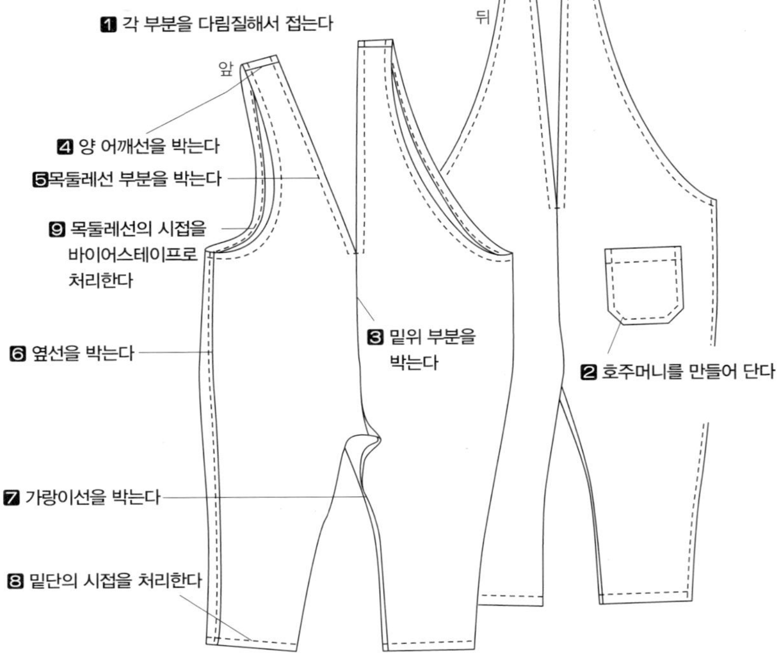

**1** 각 부분을 다림질해서 접는다

앞

뒤

**4** 양 어깨선을 박는다

**5** 목둘레선 부분을 박는다

**9** 목둘레선의 시접을
바이어스테이프로
처리한다

**6** 옆선을 박는다

**3** 밑위 부분을
박는다

**2** 호주머니를 만들어 단다

**7** 가랑이선을 박는다

**8** 밑단의 시접을 처리한다

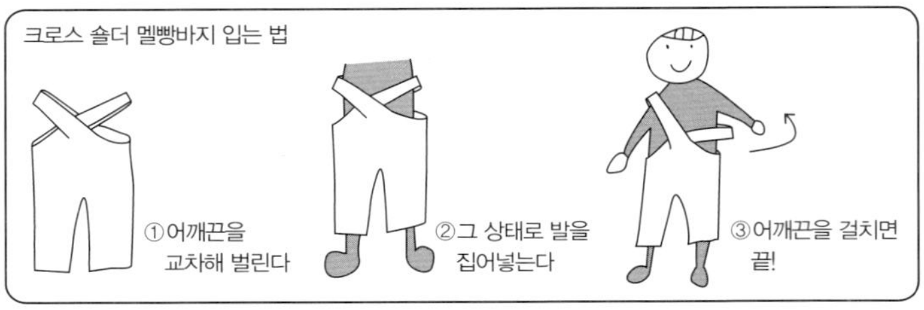

크로스 숄더 멜빵바지 입는 법

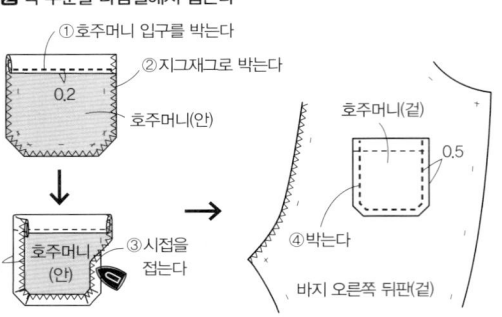

①어깨끈을
교차해 벌린다

②그 상태로 발을
집어넣는다

③어깨끈을 걸치면
끝!

## 1 각 부분을 다림질해서 접는다

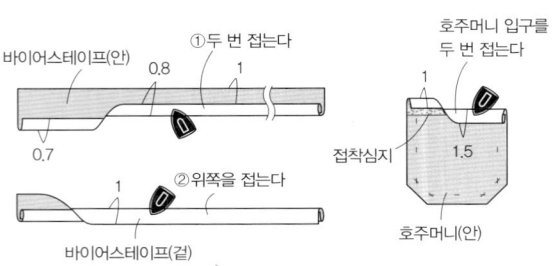

바이어스테이프(안)

①두 번 접는다

0.8

1

0.7

②위쪽을 접는다

1

바이어스테이프(겉)

호주머니 입구를
두 번 접는다

1

접착심지

1.5

호주머니(안)

## 2 각 부분을 다림질해서 접는다

①호주머니 입구를 박는다

②지그재그로 박는다

0.2

호주머니(안)

호주머니
(안)

1

③시접을
접는다

호주머니(겉)

0.5

④박는다

바지 오른쪽 뒤판(겉)

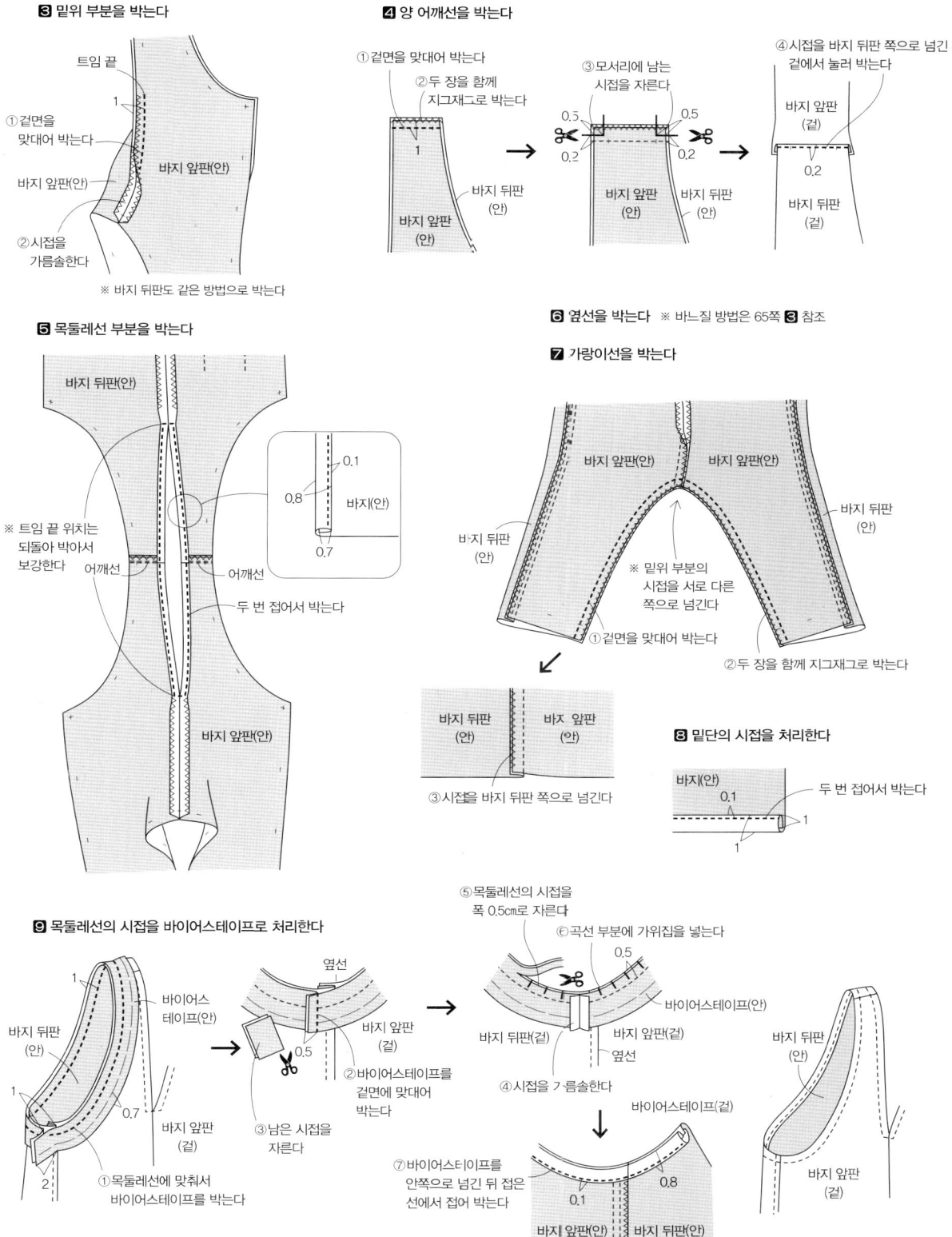

**❸ 밑위 부분을 박는다**

트임 끝
①겉면을 맞대어 박는다
1
바지 앞판(안)
바지 앞판(안)
②시접을 가름솔한다
※ 바지 뒤판도 같은 방법으로 박는다

**❹ 양 어깨선을 박는다**

①겉면을 맞대어 박는다
②두 장을 함께 지그재그로 박는다
③모서리에 남는 시접을 자른다
④시접을 바지 뒤판 쪽으로 넘긴 뒤 겉에서 눌러 박는다
1
바지 앞판(안)
바지 뒤판(안)
0.5 / 0.5 / 0.2 / 0.2
바지 앞판(겉)
바지 뒤판(겉)
0.2

**❺ 목둘레선 부분을 박는다**

바지 뒤판(안)
0.1 / 0.8 / 0.7
바지(안)
※ 트임 끝 위치는 되돌아 박아서 보강한다
어깨선 / 어깨선
두 번 접어서 박는다
바지 앞판(안)

**❻ 옆선을 박는다** ※ 바느질 방법은 65쪽 ❸ 참조

**❼ 가랑이선을 박는다**

바지 앞판(안) / 바지 앞판(안)
바지 뒤판(안)
바지 뒤판(안)
※ 밑위 부분의 시접을 서로 다른 쪽으로 넘긴다
①겉면을 맞대어 박는다
②두 장을 함께 지그재그로 박는다
바지 뒤판(안) / 바지 앞판(안)
③시접을 바지 뒤판 쪽으로 넘긴다

**❽ 밑단의 시접을 처리한다**
바지(안)
0.1 / 1 / 1
두 번 접어서 박는다

**❾ 목둘레선의 시접을 바이어스테이프로 처리한다**
바지 뒤판(안) / 1 / 1 / 0.7 / 2
바이어스테이프(안)
바지 앞판(겉)
①목둘레선에 맞춰서 바이어스테이프를 박는다
옆선 / 0.5 / 바지 앞판(겉)
②바이어스테이프를 겉면에 맞대어 박는다
③남은 시접을 자른다
⑤목둘레선의 시접을 폭 0.5cm로 자른다
⑥곡선 부분에 가위집을 넣는다 / 0.5
바이어스테이프(안)
바지 뒤판(겉) / 바지 앞판(겉) / 옆선
④시접을 가름솔한다
⑦바이어스테이프를 안쪽으로 넘긴 뒤 접은 선에서 접어 박는다
바이어스테이프(겉)
0.1 / 0.8
바지 앞판(안) / 바지 뒤판(안)
바지 뒤판(안) / 바지 앞판(겉)

## 재킷 코트 photo P.34

**완성 사이즈**(왼쪽부터 100~150사이즈)
가슴둘레 71 / 75 / 79 / 83 / 88 / 92cm
길이　　 42 / 46 / 50 / 54 / 58 / 62cm

**재료**(왼쪽부터 100~150사이즈)
• 두꺼운 능직 코튼지(검은색)
　폭 110cm×120 / 130 / 140 / 150 / 170 / 185cm
• 바이어스테이프(폭 0.8cm)
　120 / 130 / 140 / 150 / 160 / 165cm
• 접착심지 50×70cm
• 지름 2cm 단추 3개

실물 크기 패턴 4면【11】
1 – 바지 앞판, 2 – 앞 안단,
3 – 뒤판, 　　 4 – 뒤 안단,
5 – 소매, 　　 6 – 칼라

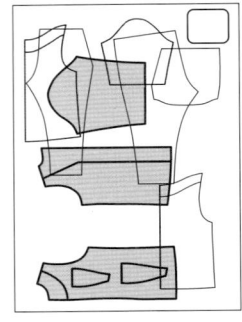

### 재단 배치도

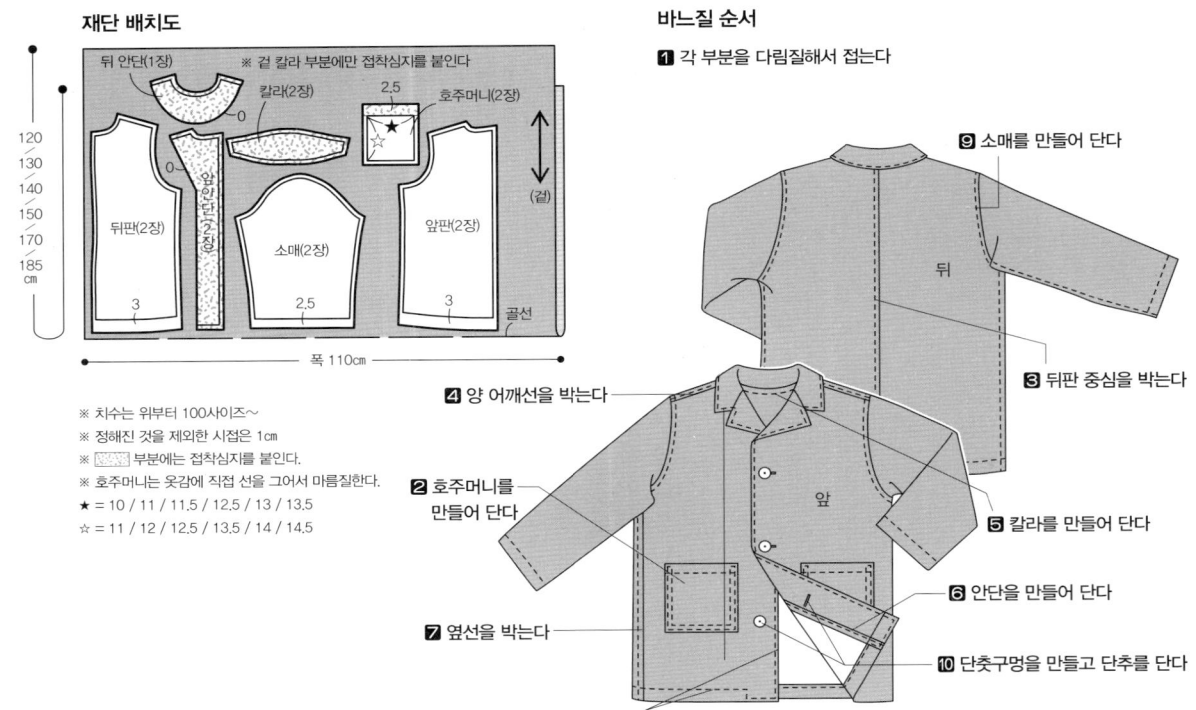

뒤 안단(1장)　　※ 겉 칼라 부분에만 접착심지를 붙인다
칼라(2장)　　2.5　호주머니(2장)
앞안단(2장)
뒤판(2장)　소매(2장)　앞판(2장)
3　　2.5　　3　골선
폭 110cm
120 / 130 / 140 / 150 / 170 / 185 cm

※ 치수는 위부터 100사이즈~
※ 정해진 것을 제외한 시접은 1cm
※ 　　 부분에는 접착심지를 붙인다.
※ 호주머니는 옷감에 직접 선을 그어서 마름질한다.
★ = 10 / 11 / 11.5 / 12.5 / 13 / 13.5
☆ = 11 / 12 / 12.5 / 13.5 / 14 / 14.5

### 바느질 순서

**1** 각 부분을 다림질해서 접는다

**9** 소매를 만들어 단다

**3** 뒤판 중심을 박는다

**4** 양 어깨선을 박는다

**5** 칼라를 만들어 단다

**2** 호주머니를 만들어 단다

**6** 안단을 만들어 단다

**7** 옆선을 박는다

**10** 단춧구멍을 만들고 단추를 단다

**8** 밑단, 앞판 가장자리, 칼라의 시접을 처리한다

**1** 각 부분을 다림질해서 접는다　　**2** 호주머니를 만들어 단다

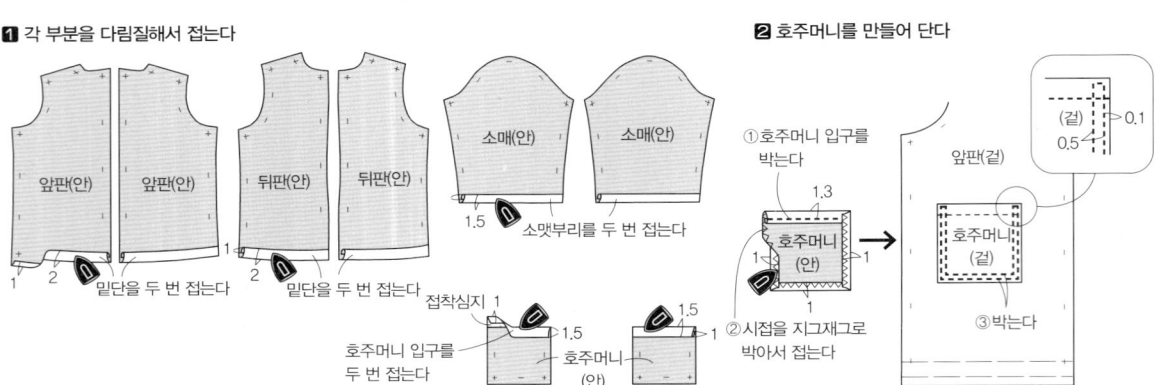

앞판(안)　앞판(안)　뒤판(안)　뒤판(안)　소매(안)　소매(안)
소맷부리를 두 번 접는다
1.5
1　2　밑단을 두 번 접는다　1　　1.5
접착심지 1
호주머니 입구를 두 번 접는다
호주머니(안)

①호주머니 입구를 박는다
1.3
호주머니(안)　1
②시접을 지그재그로 박아서 접는다

(겉) 0.1
0.5
앞판(겉)
호주머니(겉)
③박는다

**3** 뒤판 중심을 박는다

① 겉면을 맞대어 박는다
② 두 장을 함께 지그재그로 박는다
③ 시접을 왼쪽 뒤판으로 넘긴 뒤 겉에서 눌러 박는다
뒤판(안)
1
0.5
오른쪽 뒤판(겉)

**4** 양 어깨선을 박는다
※ 바느질 방법은 57쪽 **3** ①~③ 참조

뒤판(겉)
0.5
④ 겉에서 눌러 박는다
어깨선
앞판(겉)

**5** 칼라를 만들어 단다

① 겉면을 맞대어 박는다
※ 겉 칼라는 0.1cm 정도 밖으로 나오게 한다
0.1   1   0.1
② 모서리의 시접을 자른다
겉 칼라(안)
1   1
0.1   0.1
접착심지
③ 겉쪽으로 뒤집어서 모양을 잡는다
겉 칼라(겉)
안 칼라를 밖으로 나오게 한다
④ 몸판의 목둘레선에 임시로 고정한다
0.5
겉 칼라(겉)
앞판(겉)   뒤판(겉)   앞판(겉)

**6** 안단을 만들어 단다

① 겉면을 맞대어 박는다
1
앞 안단(안)
뒤 안단(안)
⑦ 목둘레선에 가위집을 넣는다
칼라
뒤판(겉)
② 시접을 가름솔한다
⑥ 모서리의 시접을 자른다
앞 안단(안)
④ 겉면을 맞대어 박는다
앞 안단(겉)
뒤 안단(겉)
뒤판(안)
겉 칼라(겉)
앞 안단(겉)
뒤 안단(겉)
바이어스테이프(겉)
0.8
0.1
앞 안단(겉)
1
1.5
⑤ 시접을 자른다
여분은 잘라낸다
(겉)
③ 바이어스테이프 사이에 넣고 박는다
앞판(겉)
앞판(안)
⑧ 안단을 겉쪽으로 뒤집어서 모양을 잡는다

**7** 옆선을 박는다

앞판(겉)
① 겉면을 맞대어 박는다
1
뒤판(안)
② 두 장을 함께 지그재그로 박는다
③ 시접을 뒤판 쪽으로 넘긴 뒤 겉에서 눌러 박는다
0.5
앞판(겉)   뒤판(겉)

④ 안단을 어깨 시접에 박아서 고정한다
뒤판(안)
뒤 안단(겉)
앞 안단(겉)
앞판(안)

**8** 밑단, 앞판 가장자리, 칼라의 시접을 처리한다

③ 뒤쪽 목둘레선을 박는다
겉 칼라(겉)
0.5   0.5
뒤 안단(겉)
0.5
앞 안단(겉)
앞판(안)   앞판(안)
0.2
뒤판(안)
0.4
0.5   2   0.5
② 여기부터 박기 시작한다   ① 칼라를 접은 선에서 접는다

**9** 소매를 만들어 단다

① 시접에 큰 땀으로 듬성듬성 두 줄 홈질한다
② 겉면을 맞대어 박는다
오른쪽 소매(안)
1
③ 두 장을 함께 지그재그로 박은 뒤 시접을 뒤쪽으로 넘긴다
⑥ 소매를 줄이고(주름이 잡히지 않을 정도로 줄인다) 겉면을 맞대어 박는다
소매(겉)
1
앞판(안)
⑦ 두 장을 함께 지그재그로 박는다
0.5
④ 겉에서 눌러 박는다
1.5
⑤ 소맷부리를 접은 선에서 접어 박는다
앞판(겉)
소매(겉)
0.5
⑧ 시접을 몸판 쪽으로 넘긴 뒤 겉에서 눌러 박는다.

**10** 단춧구멍을 만들고 단추를 단다

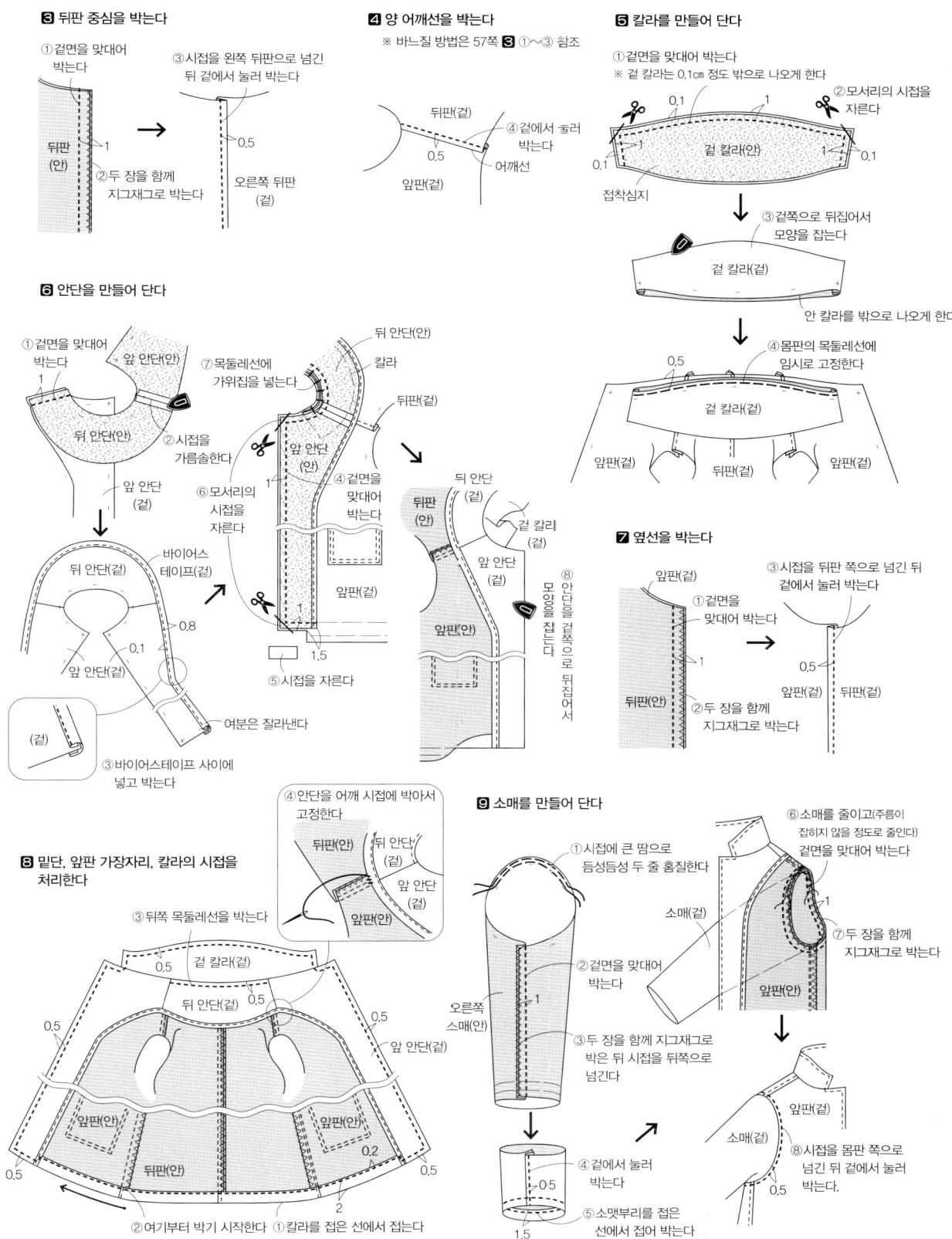

## V넥 카디건  photo P.36

**완성 사이즈**(왼쪽부터 100~150사이즈)
가슴둘레   74 / 78 / 82 / 86 / 90 / 94cm
길이        34 / 37.5 / 41 / 44.5 / 48 / 51.5cm

**재료**(왼쪽부터 100~150사이즈)
• 데님 다이마루
  폭 160cm×45 / 50 / 100 / 110 / 120 / 130cm
• 스판 후라이스
  폭 84cm×30 / 30 / 40 / 40 / 40 / 40cm
• 호주머니용 별도 옷감(겉감…니트, 안감…면직, 견직) 각 30×15cm
• 지름 2cm 단추 3개
• 폭 1cm 늘임 방지 테이프 50cm

실물 크기 패턴 6면【17】
1 - 앞판,  2 - 뒤판,
3 - 소매,  4 - 호주머니,
5 - 목둘레선 고무단(맞춤 표시용)

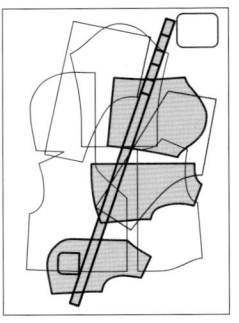

### 재단 배치도

100 · 110사이즈
데님 다이마루

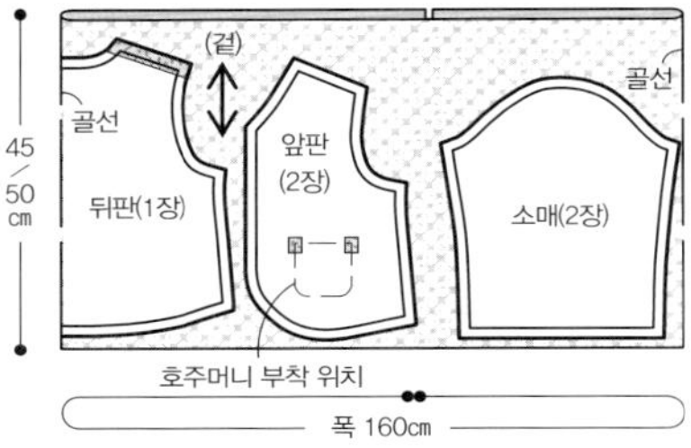

(겉)
골선
뒤판(1장)
앞판(2장)
소매(2장)
골선
45 / 50 cm
호주머니 부착 위치
폭 160cm

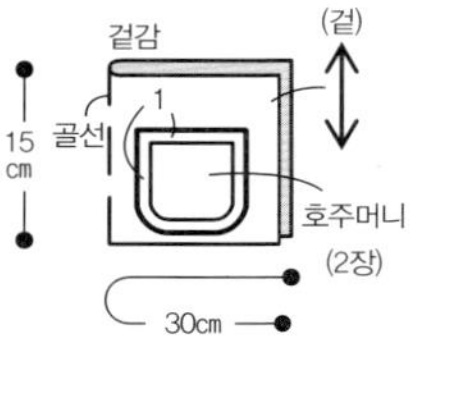

스판 후라이스

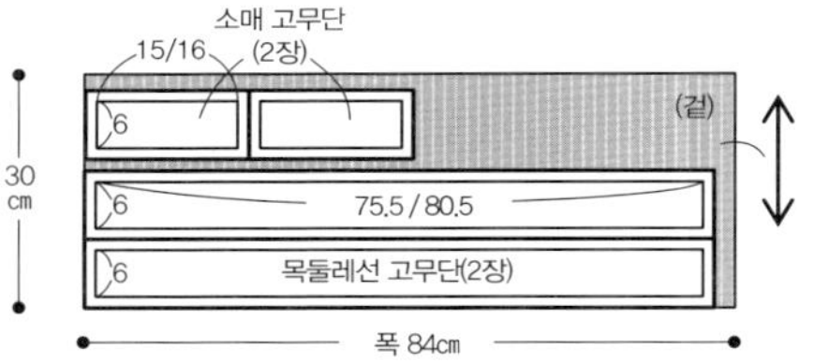

15/16
소매 고무단(2장)
6
6  75.5 / 80.5
6  목둘레선 고무단(2장)
(겉)
30 cm
폭 84cm

※ 치수는 위(왼쪽)부터 100/110사이즈

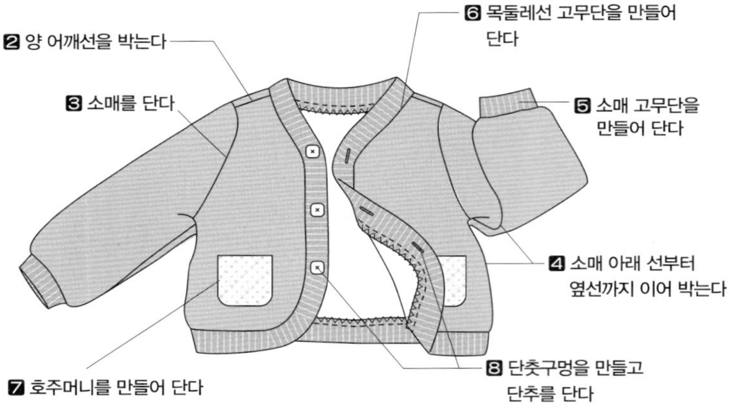

120~150사이즈
데님 다이마루

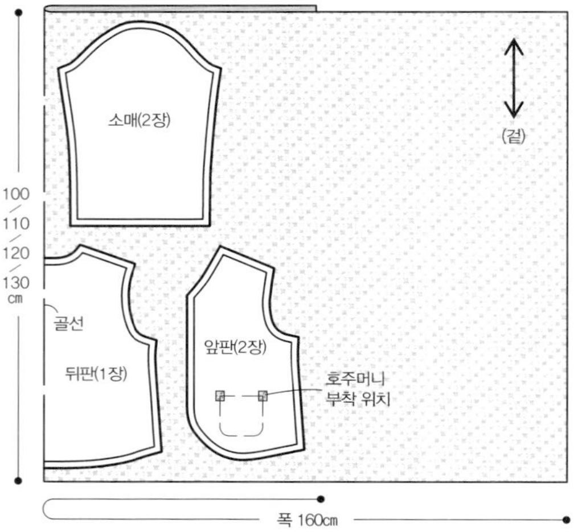

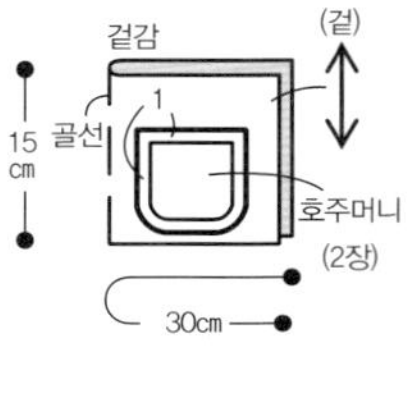

(겉)
소매(2장)
골선
뒤판(1장)
앞판(2장)
호주머니 부착 위치
100 110 120 130 cm
폭 160cm

겉감 (겉)
골선 1
15 cm
호주머니 (2장)
30cm

겉감 (겉)
골선 1
15 cm
호주머니 (2장)
30cm

스판 후라이스
17 / 18 / 19 / 20

소매 고무단 2장
12 / 22 / 33 / 44
6
6  목둘레선 고무단(1장)
6  80
6  목둘레선 고무단(2장)
(겉)
40 cm
폭 84cm

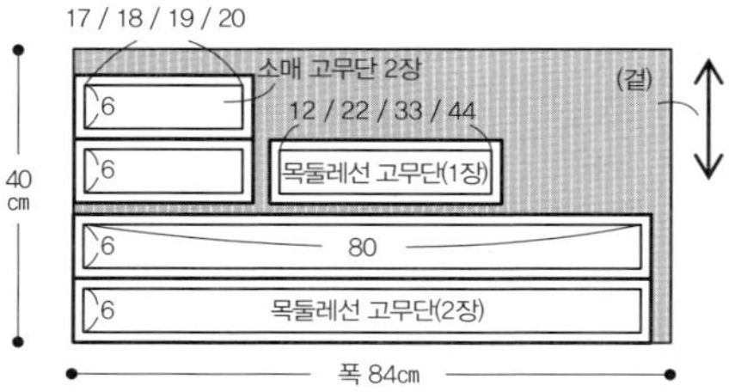

※ 치수는 위부터 120사이즈~
※ 정해진 것을 제외한 시접은 1cm
※ ▨ 부분에는 접착심지를 붙인다.
※ 고무단은 옷감에 직접 선을 그어서 마름질한다.

### 바느질 순서

**1** 각 부분을 다림질해서 접는다

**2** 양 어깨선을 박는다

**3** 소매를 단다

**4** 소매 아래 선부터 옆선까지 이어 박는다

**5** 소매 고무단을 만들어 단다

**6** 목둘레선 고무단을 만들어 단다

**7** 호주머니를 만들어 단다

**8** 단춧구멍을 만들고 단추를 단다

**1** 각 부분을 다림질해서 접는다

소매 고무단(겉)
골선
반으로 접는다

목둘레선 고무단(겉)
골선
반으로 접는다

**2** 양 어깨선을 박는다 ※ 바느질 방법은 57쪽 **3** 참조

**3** 소매를 단다 ※ 바느질 방법은 57쪽 **5** 참조

**4** 소매 아래 선부터 옆선까지 이어박는다
※ 바느질 방법은 57쪽 **6** 참조

**5** 소매 고무단을 만들어 단다

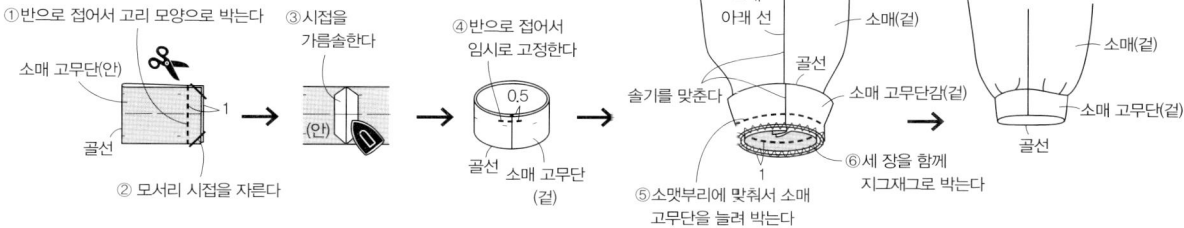

①반으로 접어서 고리 모양으로 박는다
소매 고무단(안)
골선
② 모서리 시접을 자른다
③시접을 가름솔한다
(안)
④반으로 접어서 임시로 고정한다
0.5
골선 소매 고무단(겉)
스매 아래 선
소매(겉)
골선
솔기를 맞춘다
소매 고무단감(겉)
⑤소맷부리에 맞춰서 소매 고무단을 늘려 박는다
⑥세 장을 함께 지그재그로 박는다
소매(겉)
소매 고무단(겉)
골선

**6** 목둘레선 고무단을 만들어 단다

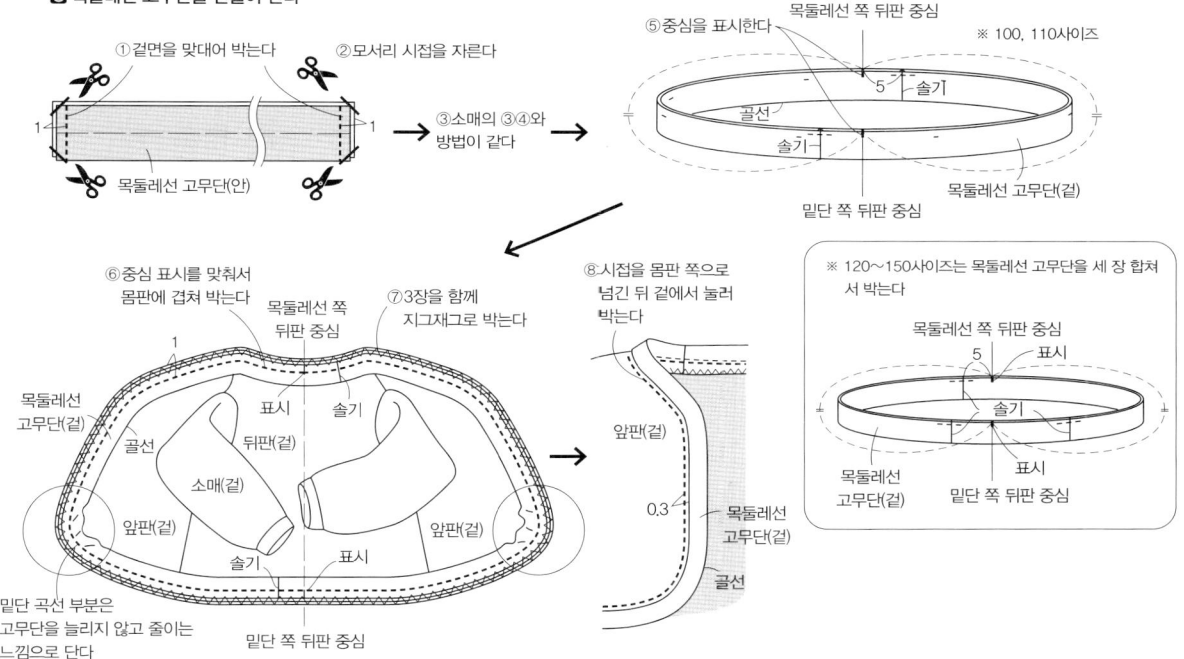

①겉면을 맞대어 박는다
②모서리 시접을 자른다
③소매의 ③④와 방법이 같다
목둘레선 고무단(안)

⑤중심을 표시한다
목둘레선 쪽 뒤판 중심
※ 100, 110사이즈
골선
솔기
솔기
밑단 쪽 뒤판 중심
목둘레선 고무단(겉)
5

⑥중심 표시를 맞춰서 몸판에 겹쳐 박는다
목둘레선 쪽 뒤판 중심
⑦3장을 함께 지그재그로 박는다
목둘레선 고무단(겉)
골선
표시 솔기
뒤판(겉)
소매(겉)
앞판(겉) 앞판(겉)
솔기 표시
밑단 곡선 부분은 고무단을 늘리지 않고 줄이는 느낌으로 단다
밑단 쪽 뒤판 중심

⑧시접을 몸판 쪽으로 넘긴 뒤 겉에서 눌러 박는다
앞판(겉)
0.3
목둘레선 고무단(겉)
골선

※ 120~150사이즈는 목둘레선 고무단을 세 장 합쳐서 박는다
목둘레선 쪽 뒤판 중심
5 표시
솔기
목둘레선 고무단(겉)
표시
밑단 쪽 뒤판 중심

**7** 호주머니를 만들어 단다

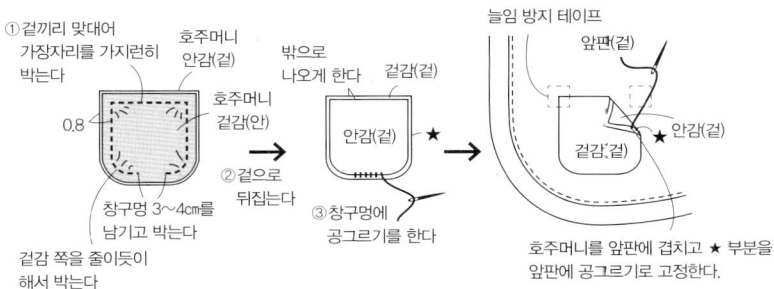

①겉끼리 맞대어 가장자리를 가지런히 박는다
호주머니 안감(겉)
호주머니 겉감(안)
0.8
창구멍 3~4cm를 남기고 박는다
겉감 쪽을 줄이듯이 해서 박는다
②겉으로 뒤집는다
밖으로 나오게 한다
겉감(겉)
안감(겉)
★
③창구멍에 공그르기를 한다
늘임 방지 테이프
앞판(겉)
★
겉감(겉) 안감(겉)
호주머니를 앞판에 겹치고 ★ 부분을 앞판에 공그르기로 고정한다.

**8** 단춧구멍을 만들고 단추를 단다

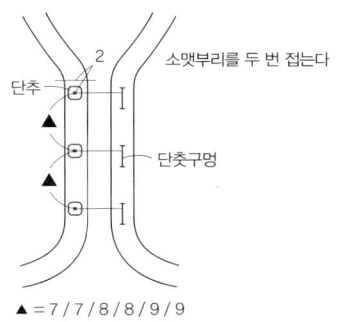

2
소맷부리를 두 번 접는다
단추
단춧구멍
▲
▲
▲ = 7 / 7 / 8 / 8 / 9 / 9

## 에스키모 코트　photo P.38

### 완성 사이즈(왼쪽부터 80~150사이즈)

가슴둘레　76 / 80 / 84 / 88 / 92 / 96 / 100 / 104cm
길이　　　37 / 39 / 41.5 / 44.5 / 48.5 / 52 / 55.5 / 58.5cm

### 재료(왼쪽부터 80~150사이즈)

- 자연건조한 면화(겉감)
  폭 112cm×120 / 130 / 130 / 140 / 150 / 160 / 170 / 190cm
- 양털(양털 보아 / 안감)
  폭 137cm×120 / 130 / 130 / 140 / 150 / 160 / 170 / 180cm
- 지름 2.5cm 단추 2개
- 지름 1.2cm 단추 1개(보강 단추용)
- 접착심지 20×20cm

### 〈엄마용〉

**완성 사이즈**(왼쪽부터 S~LL 사이즈)

가슴둘레 114 / 118 / 124 / 130cm
길이 53.5 / 55.5 / 57.5 / 59.5cm

**재료**(왼쪽부터 S~LL 사이즈)

- 울 원단(겉감)
  폭 110cm×250 / 260 / 270 / 290cm
- 양털 보아(안감)
  폭 137cm×190 / 190 / 200 / 200cm
- 지름 2.5cm 단추 2개
- 지름 1.2cm 단추 1개(보강 단추용)
- 접착심지 20×20cm

〈아이용〉
실물 크기 패턴 6면【18】
1 - 앞판,　2 - 뒤판,
3 - 소매

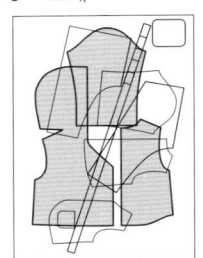

〈엄마용〉
실물 크기 패턴 5면【15】
1 - 앞판,　2 - 뒤판,
3 - 소매

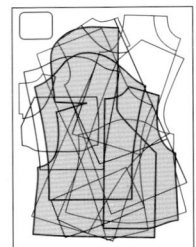

**재단 배치도**

〈아이용〉 겉감 · 안감

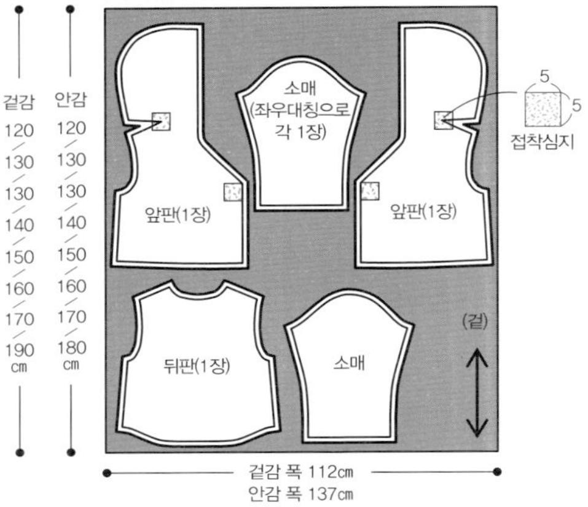

겉감 / 안감
120 120
130 130
130 130
140 140
150 150
160 160
170 170
190 180
cm

앞판(1장)　앞판(1장)
소매(좌우대칭으로 각 1장)
접착심지 5 5
뒤판(1장)　소매
(겉)

겉감 폭 112cm
안감 폭 137cm

※ 치수는 위부터 80사이즈~
※ 시접은 전부 1cm
※ 부분에는 접착심지를 붙인다.
※ 아이용 치수는 위부터 80사이즈~
　 엄마용은 위부터 S사이즈~
※ 양털 보아 원단의 재단 포인트는 79쪽 참조

〈엄마용〉 겉감

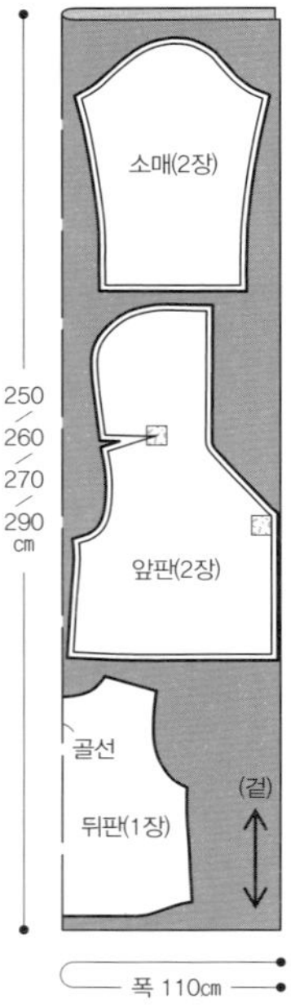

250 / 260 / 270 / 290 cm

소매(2장)
앞판(2장)
골선 뒤판(1장)
(겉)
폭 110cm

안감

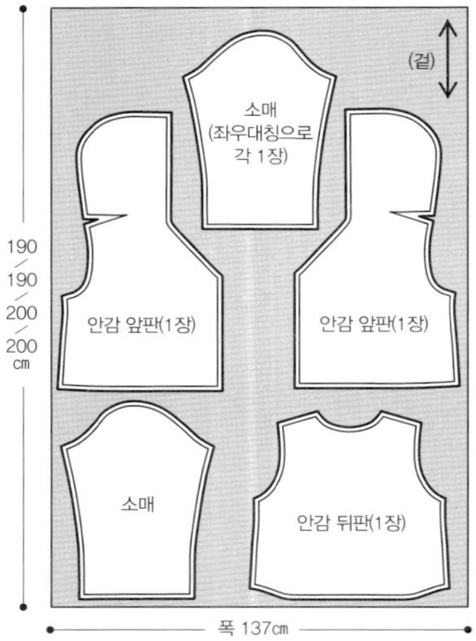

190 / 190 / 200 / 200 cm

(겉)
소매(좌우대칭으로 각 1장)
안감 앞판(1장)　안감 앞판(1장)
소매　안감 뒤판(1장)
폭 137cm

**바느질 순서**

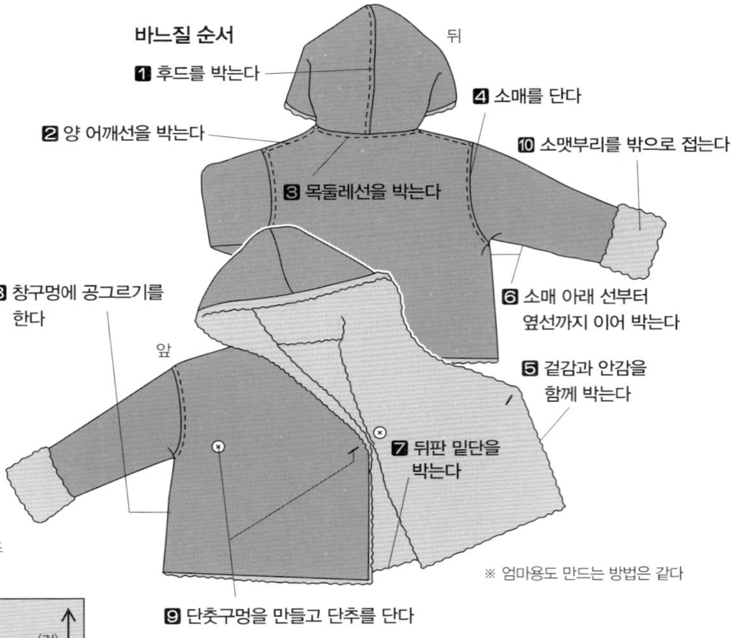

뒤

1 후드를 박는다
2 양 어깨선을 박는다
3 목둘레선을 박는다
4 소매를 단다
10 소맷부리를 밖으로 접는다
6 소매 아래 선부터 옆선까지 이어 박는다
5 겉감과 안감을 함께 박는다
7 뒤판 밑단을 박는다
8 창구멍에 공그르기를 한다
앞
9 단춧구멍을 만들고 단추를 단다

※ 엄마용도 만드는 방법은 같다

**1 후드를 박는다**

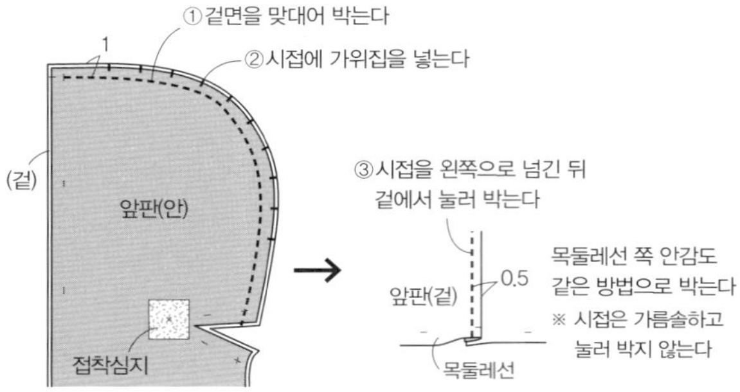

① 겉면을 맞대어 박는다
② 시접에 가위집을 넣는다
1
(겉)
앞판(안)
접착심지
③ 시접을 왼쪽으로 넘긴 뒤 겉에서 눌러 박는다
목둘레선 쪽 안감도 같은 방법으로 박는다
※ 시접은 가름솔하고 눌러 박지 않는다
앞판(겉) 0.5
목둘레선

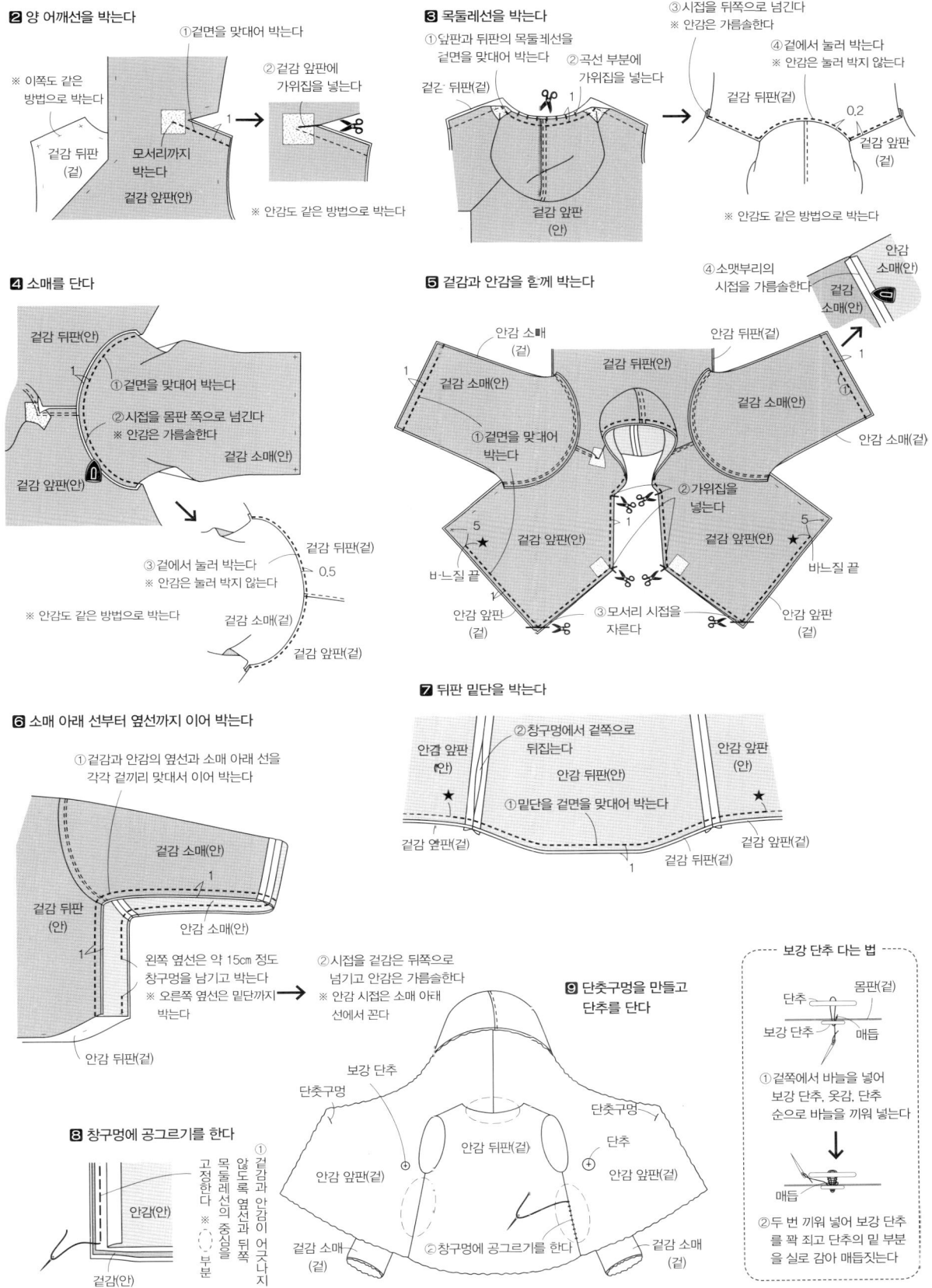

**2 양 어깨선을 박는다**

① 겉면을 맞대어 박는다

② 겉감 앞판에 가위집을 넣는다

※ 이쪽도 같은 방법으로 박는다

겉감 뒤판(겉)

모서리까지 박는다

겉감 앞판(안)

1

※ 안감도 같은 방법으로 박는다

**3 목둘레선을 박는다**

① 앞판과 뒤판의 목둘레선을 겉면을 맞대어 박는다

② 곡선 부분에 가위집을 넣는다

겉감·뒤판(겉)

겉감 앞판(안)

③ 시접을 뒤쪽으로 넘긴다

※ 안감은 가름솔한다

④ 겉에서 눌러 박는다

※ 안감은 눌러 박지 않는다

겉감 뒤판(겉)

겉감 앞판(겉)

0.2

※ 안감도 같은 방법으로 박는다

**4 소매를 단다**

겉감 뒤판(안)

1

① 겉면을 맞대어 박는다

② 시접을 몸판 쪽으로 넘긴다

※ 안감은 가름솔한다

겉감 소매(안)

겉감 앞판(안)

③ 겉에서 눌러 박는다

※ 안감은 눌러 박지 않는다

겉감 뒤판(겉)

0.5

겉감 소매(겉)

※ 안감도 같은 방법으로 박는다

겉감 앞판(겉)

**5 겉감과 안감을 흩께 박는다**

④ 소맷부리의 시접을 가름솔한다

안감 소매(안)

겉감 소매(안)

1

안감 소매(겉)

겉감 소매(안)

겉감 뒤판(안)

겉감 소매(안)

안감 소매(겉)

① 겉면을 맞대어 박는다

② 가위집을 넣는다

겉감 앞판(안)

겉감 앞판(안)

5

5

바느질 끝

③ 모서리 시접을 자른다

바느질 끝

안감 앞판(겉)

안감 앞판(겉)

**6 소매 아래 선부터 옆선까지 이어 박는다**

① 겉감과 안감의 옆선과 소매 아래 선을 각각 겉끼리 맞대서 이어 박는다

겉감 소매(안)

1

겉감 뒤판(안)

1

안감 소매(안)

왼쪽 옆선은 약 15cm 정도 창구멍을 남기고 박는다

※ 오른쪽 옆선은 밑단까지 박는다

안감 뒤판(겉)

② 시접을 겉감은 뒤쪽으로 넘기고 안감은 가름솔한다

※ 안감 시접은 소매 아래 선에서 꼰다

**7 뒤판 밑단을 박는다**

② 창구멍에서 겉쪽으로 뒤집는다

안겸 앞판(안)

안감 뒤판(안)

① 밑단을 겉면을 맞대어 박는다

안감 앞판(안)

겉감 옆판(겉)

1

겉감 뒤판(겉)

겉감 앞판(겉)

**8 창구멍에 공그르기를 한다**

안감(안)

① 겉감과 안감이 어긋나지 않도록 옆선과 뒤쪽 목둘레선의 중심을 고정한다

※ 부분

겉감(안)

**9 단춧구멍을 만들고 단추를 단다**

보강 단추

단춧구멍

안감 뒤판(겉)

단춧구멍

단추

안감 앞판(겉)

안감 앞판(겉)

② 창구멍에 공그르기를 한다

겉감 소매(겉)

겉감 소매(겉)

**보강 단추 다는 법**

단추

몸판(겉)

보강 단추

매듭

① 겉쪽에서 바늘을 넣어 보강 단추, 옷감, 단추 순으로 바늘을 끼워 넣는다

매듭

② 두 번 끼워 넣어 보강 단추를 꽉 죄고 단추의 밑 부분을 실로 감아 매듭짓는다

# 복조리 배낭 · photo P.32

## 완성 사이즈
폭 32cm×높이 35cm

## 재료
- 캔버스지(샌드워시 가공)
  폭 110cm×80cm
- 두꺼운 접착심지 70×20cm
- 안지름 1cm짜리 아일렛 10개
- 지름 0.7cm 끈 140~180cm(기준)

## 바느질 순서

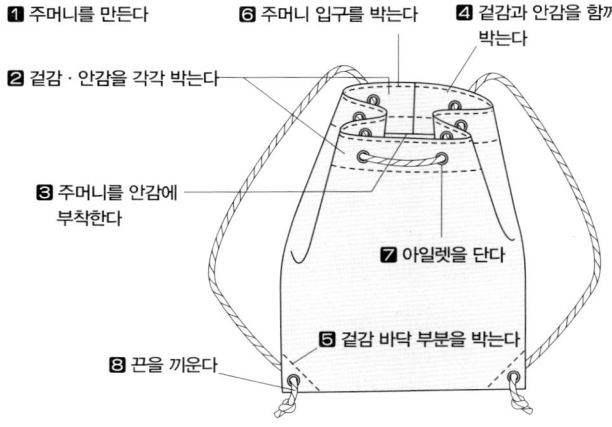

**1** 주머니를 만든다

**6** 주머니 입구를 박는다

**4** 겉감과 안감을 함께 박는다

**2** 겉감·안감을 각각 박는다

**3** 주머니를 안감에 부착한다

**7** 아일렛을 단다

**5** 겉감 바닥 부분을 박는다

**8** 끈을 끼운다

### 재단 배치도

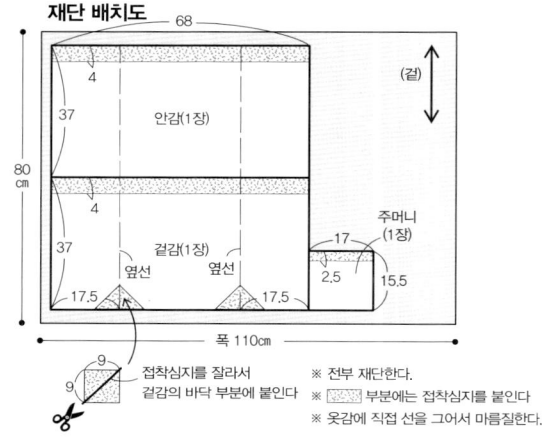

접착심지를 잘라서 겉감의 바닥 부분에 붙인다

※ 전부 재단한다.
※ ▨ 부분에는 접착심지를 붙인다
※ 옷감에 직접 선을 그어서 마름질한다.

## **1** 주머니를 만든다

①주머니 입구를 두 번 접는다
②주머니 입구를 박는다
③시접을 지그재그로 박아서 접는다

접착심지  주머니(안)

## **2** 겉감·안감을 각각 박는다

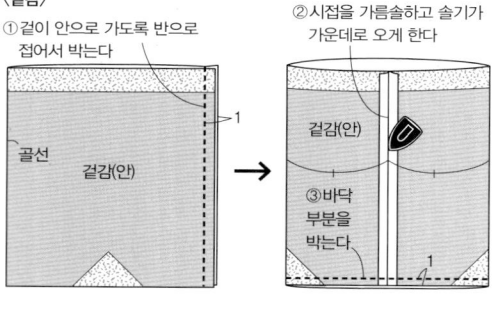

〈겉감〉
①겉이 안으로 가도록 반으로 접어서 박는다
②시접을 가름솔하고 솔기가 가운데로 오게 한다
③바닥 부분을 박는다

골선  겉감(안)

〈안감〉
①겉이 안으로 가도록 반으로 접어서 창구멍을 남기고 박는다
②시접을 가름솔하고 솔기가 가운데로 오게 한다
③바닥 부분을 박는다

안감(안)  창구멍

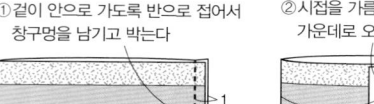

④모서리 시접을 자른다

안감(안)

⑤겉쪽으로 뒤집는다

안감(겉)

## **3** 주머니를 안감에 부착한다

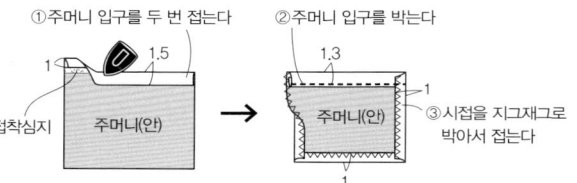

주머니(겉)
안감(겉)
꿰매 붙인다
창구멍

안감(겉)
주머니(겉)

**4 겉감과 안감을 함께 박는다**

①겉감 안에 안감을 넣어서
겉끼리 맞댄다

②주머니 입구를 박는다

안감(안)

1

겉감(안)

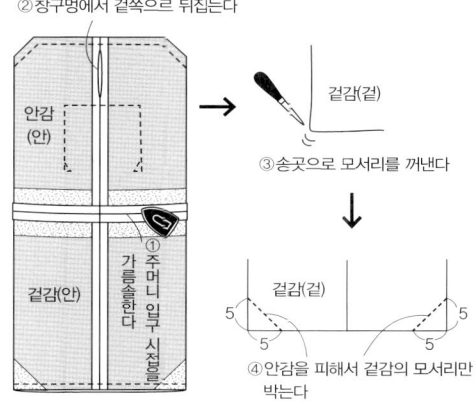

**5 겉감 바닥 부분을 박는다**

②창구멍에서 겉쪽으로 뒤집는다

안감
(안)

겉감(안)

① 주머니 입부 시접을

가름솔한다

겉감(겉)

③송곳으로 모서리를 꺼낸다

↓

겉감(겉)

5      5

5      5

④안감을 피해서 겉감의 모서리만
박는다

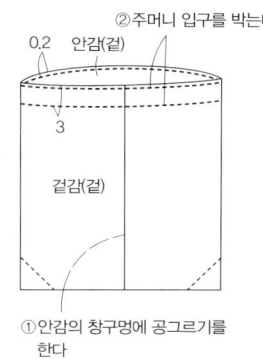

**6 주머니 입구를 박는다**

②주머니 입구를 박는다

0.2  안감(겉)

3

겉감(겉)

①안감의 창구멍에 공그르기를
한다

**7 아일렛을 단다**

6   7   6

6   7   6

아일렛

겉감(겉)

아일렛

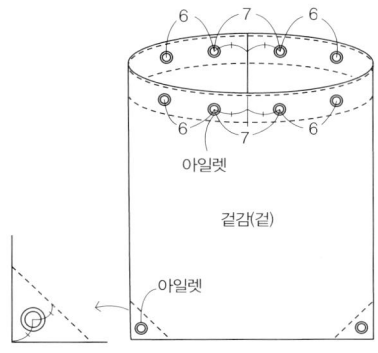

※ 아일렛을 다는 방법은 제품 설명서를 참조하세요

**8 끈을 끼운다**

겉감(겉)

②끈을 끼워서 묶는다

①끈 끝을 묶어서 끼운다

끈의 길이(기준)
아이용 140cm
성인용 180cm

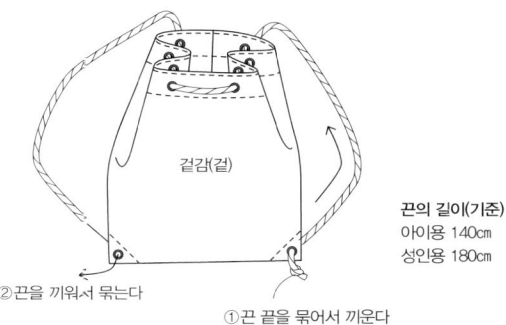

## 양털 보아 원단 재단

옷감의 안쪽이 위로 오게 놓고, 가위를 띄워서
최대한 옷감 안쪽으로 붙여 가위를 집어넣는다.
바팅 천만 재단해서 털을 자르지 않도록 주의한다.

×

가위를 아래에 대고 자르면
털까지 잘린다.

◇ 당신은 언제나 옳습니다. 그대의 삶을 응원합니다. ─ 라의눈 출판그룹

남자아이도 여자아이도 입을 수 있는
# 내추럴 프렌치 시크룩

초판 1쇄 2018년 3월 13일
　　3쇄 2019년 5월 17일

지은이 미노와 마유미  옮긴이 박재영
펴낸이 설응도  편집주간 안은주
영업책임 민경업  디자인 기민주

펴낸곳 라의눈

출판등록 2014년 1월 13일(제2014-000011호)
주소 서울시 강남구 테헤란로78길 14-12(대치동) 동영빌딩 4층
전화 02-466-1283  팩스 02-466-1301

문의(e-mail)
편집 editor@eyeofra.co.kr
마케팅 marketing@eyeofra.co.kr
경영지원 management@eyeofra.co.kr

ISBN : 979-11-88726-10-3 13590

**옷감 협력**

| | |
|---|---|
| Exterial Fur Shop | http://exterial.shop-pro.jp/ |
| 기지노모리 | http://www.kijinomori.com |
| CHECK&STRIPE | http://checkandstripe.com |
| 누노모요 | http://nunomoyo.b-smile.jp/ |
| fabric bird | http://www.rakuten.ne.jp/gold/fabricbird/ |

**재료 협력**

| | |
|---|---|
| hacu | http://www.hacu.jp/ |
| | (19, 25, 27쪽 양말) |
| SAYAN | http://www.sayang-design.com/ |
| | (21, 22쪽 신발) |

**촬영 협력**

| | |
|---|---|
| 북 디자인 | 하야시 미즈호林 瑞穂 |
| 촬영 | 시라이 유카리白井由香里 |
| 만드는 방법 해설 | 시카노루무しかのるーむ |
| 패턴 제작 | (유) 세리오 |
| 편집 협력 | 가사하라 아이코笠原愛子 · 다쓰미 레이코龍見礼子 · 요시노 나나吉野奈々 |
| | 야마시타 에미山下江美 · 미쓰모토 메구미溝元恵美 · 이토 마유코伊藤真由子 |
| | 미노와 후지코美濃羽冨士子 |
| 편집 | 우라자키 도모코浦崎朋子 |